촛불이 어두운 밤을 밝히듯이

그림책이 우리의 삶을 밝혀 주리라 믿으며

_____

마음에 스미는 그림책 한 문장

그림책사랑교사모임

그림책의 매력에 빠져 그림책으로 수업하고 학급을 운영하는 교사들의 모임이다. 그림책으로 수업하며 생각하는 힘을 지닌 학생들을 길러내고, 마음을 열어주고 관계를 꽃피우는 교실을 만들기 위해 노력하고 있다. 그림책 활용 교육으로 더 나은 세상을 만들 수 있다는 믿음을 갖고 오늘도 그림책을 한 장 한 장 넘기며 학생들을 만나고 있다.

 네이버 밴드   페이스북

기획 김준호

함께 쓰신 분들

강선희, 권순홍, 권영경, 권현숙, 김미경, 김미정, 김영도, 김유림, 김유진, 김은영, 김창덕, 김혜림, 김희정, 문은교, 박명희, 박여울, 방은경, 손현아, 송다원, 신동영, 유애리, 윤용한, 이방림, 이은주, 이재경, 이지애, 이형미, 임경애, 임지은, 임해경, 전안나, 정동옥, 조미나, 조   은, 조형옥, 조희정, 채다혜

마음에 스미는 그림책 한 문장

초판 1쇄 발행 2024년 12월 6일

지은이 / 그림책사랑교사모임

발행 / 케렌시아
인쇄 / (주)다해씨앤피
일원화 구입처 / 031-407-6368 (주)태양서적
등록 / 2021년 11월 18일 (제386-2021-000096호)
이메일 / niceheo76@gmail.com

ISBN 979-11-985243-4-8 (03810)

값은 표지에 있습니다.
저작권법에 따라 한국 내에서 보호를 받는 제작물이므로 무단 전재 및 복제를 금합니다.

힘들고 지친 마음에 살며시 흘러든
그림책의 문장들

마음에 스미는 그림책 한 문장

―――

그림책사랑교사모임 지음

케렌시아

들어가며

그림책이 그림과 글로 전하는 이야기는 소통과 교감의 매개가 된다. 재미와 감동은 물론 심오하고 철학적인 메시지, 우리네 인생사를 담기도 한다. 글이 많지 않아도 여백을 통해 작가와 또 다른 독자와 대화할 수 있고 누군가는 행복을 발견하며 위로를 얻는다. 그래서 그림책을 만날 때 두근두근 설레는 마음이 되고, 책장을 넘길수록 깊이 빠져든다. 함께 읽고 나눌 수 있는 이들이 있다면 더 좋다. 나와의 대화를 넘어 다른 사람들과 교류할 때, 그들의 일상, 삶과 어우러지며 우리의 시간을 만들어낸다.

임신과 출산으로 엄마가 되는 과정에서 호르몬의 장난인지 막연한 불안인지 모를 감정의 기복이 심했다. 때마침 1학년 담임을 맡게 되어 손에 들게 된 그림책은 우리 반 아이들과의 공감을, 나에게 위로를 그리고 내 아이에게는 엄마 목소리와 다정한 시간을 선물해주었다. 매일 아침 아이들에게 그림책을 소리 내어 읽어주면서 어떤 문장은 눈물이 핑 돌고 또 다른 문장은 햇살처럼, 보석처럼 반짝였다. 그중 채인선 작가의 『엄마는 좋다』를 읽으면서는 꼭 내 모습인 것 같아 나도 모르게 펑펑 울었다. 어젯밤 일처럼 나의 처음을 다 기억하는 엄마. 이 세상에서 제일 예쁜 건 우리 아가라는 노래를 수없이 불러주던 엄마. 내가 힘들 때 내색하지 않고 그저 마음속으로 불러 보아도 신기하게 다 아는 엄마. 흰머리 한 올이 보이고 잔주름 하나가 만져져도, 호호 아줌마가 호호 할머니 되어도 엄마는 좋다. 한 장 한 장 넘길 때마다 등장하는 '엄마는 좋다'는 언제 보아도 내 마음과 눈가를 뜨거워지게 한다.

마음에 드는 글귀와 종이, 필기구만 있다면 필사는 언제 어디서든 가능하다. 따로 시간을 내고 적합한 공간을 찾아내지 않아도 괜찮다. 게다가 생각을 가다듬거나 집중하는 시간을 보내기에 제격이다. 눈으로 따라 읽으며 손으로 적어내는 동안 마음은 차분히 가라앉고 온전히 나와 문장이 남는다. 그렇게 한 자 한 자 적어 내려가면 그 낱말이, 문장들이 내게로 스며든다.

적어둔 글귀들은 오래 기억될 수 있고 다시 살피거나 되새기기에 좋다. 필사는 좀 더 적극적인 독서의 한 방법이다. 독서를 너무나도 사랑하는 한 사람으로서, 책을 읽으며 와닿은 문장들을 기록하고 생각과 느낌도 더해보는 것을 추천한다.

좋아하는 작품은 시간이 지나도 여러 번 다시 만나도 마음이 간다. 문장도 그렇다. 필사 노트에 모인 문장들을 다시 읽어보면 뿌듯함과 함께 감동이 차오른다. 덕분에 유난히 더웠던 올해의 여름도 도서관에서, 카페에서 멋진 그림책들과 함께 시원하게 보낼 수 있었다. 생각과 마음이 표현된, 정제된 문장들과의 만남은 삶을 반추해 보는 계기를 만든다. 지나간 일들이 떠오르고 반성은 새로운 시작으로 연결되고 확장된다. 원고를 쓰면서 한 문장 한 문장이 깊은 고민의 끝에 나오는 것을 경험하니 그 의미가 더욱 소중하다.

『마음에 스미는 그림책 한 문장』은 저자들이 그림책을 읽으며 마음에 울림을 느꼈던 문장들을 실었다. 어떤 문장은 어린 시절이나 지난날을 되돌아보게 하고 가족이나 친구, 이웃 등 주변 사람들을 떠올리게 하며 인생에 대한 통찰을 가져다주기도 한다. 저자들의 마음에 스며든 문장을 따라 적고 더 나아가 수록된 그림책들을 찾아 읽어보면서 또 다른 감동을 만날 수 있을 것이다. 마음에 쏙 드는 그림책과 문장을 찾고 일상의 조각들을 맞추어 나가는 작업은 마치 밤하늘에 빛나는 별을 발견하고 별자리를 그려 나가는 과정 같다. 저자들이 수놓은 별자리들이 독자 중 어떤 이에게는 공감과 위로를, 어떤 이에게는 깨달음과 성찰의 기회를 줄 것이라 기대한다. 함께 실린 저자들의 단상을 통해 삶의 온기를 느끼며 자신을 마주하는 여정이 되었으면 한다.

2024년 12월
우리를 위로해 준
그림책과 한 문장에 감사하며

이 책을 읽는 방법

001

① 나는 믿어.
네 안에 있는 그 꽃.
「가시」

② "엄마는 그것도 몰라?" 어린 시절, 무심코 내뱉은 말에 일그러지던 어머니의 표정이 지금도 선명하게 떠오른다. 학교 갈 때면 항상 긴 머리카락을 예쁘게 묶어주시던 어머니께서 초등학교도 졸업하지 못해 한이 맺혔다는 건 한참 후에나 알게 되었다. 다른 말들은 기억나지 않지만, 내가 뱉은 가시 같은 말이 돌아와 내 심장에 박혀 40년이 지난 지금까지도 죄책감으로 남아 꾹꾹 찌른다.

언어는 힘이 있다. 말 한마디에 천 냥 빚을 갚기도 하고, 편지 한 통이 전쟁을 끝내기도 한다. "모양도 색깔도 냄새도 무게도" 없는 말들이 그 어떤 가시보다 날카롭고 깊은 상처를 낸다. 쉽게 치유되지 않는 상처는 점점 커지고 또 다른 상처를 만들어 가시덤불 같은 고통이 되기도 한다. 그렇다고 좌절하거나 포기하면 안 된다. 고통의 가시덤불이 앞을 가로막아도 살아야 한다. 가시덤불을 헤치고 희망의 빛을 밝혀주거나 묵묵히 믿고 기다려주는 존재 한 명만 있어도 다시 희망을 꿈꿀 수 있다. 가시덤불을 걷어내고 삶의 꽃을 피울 수 있다.

① 그림책에서 찾은, 독자 여러분께 소개하고 싶은 한 문장입니다. 따라 써보기를 권하는 문장이기도 합니다.

② 위의 그림책 문장에 대한 생각과 느낌 등을 풀어낸 글입니다.

❸ 그림책에서 찾은 문장을 따라 써봅니다.

❹ 자신의 글씨로 다시 써볼 수 있도록 마련한 공간입니다.

❺ 필사문에 대한 자신의 생각과 느낌을 씁니다.

지금의 네가 좋아.
늘 함께할 수 있는 너 말이야.

나는 믿어.
네 안에 있는 그 꽃.

「가시」

"엄마는 그것도 몰라?" 어린 시절, 무심코 내뱉은 말에 일그러지던 어머니의 표정이 지금도 선명하게 떠오른다. 학교 갈 때면 항상 긴 머리카락을 예쁘게 묶어주시던 어머니께서 초등학교도 졸업하지 못해 한이 맺혔다는 건 한참 후에나 알게 되었다. 다른 말들은 기억나지 않지만, 내가 뱉은 가시 같은 말이 돌아와 내 심장에 박혀 40년이 지난 지금까지도 죄책감으로 남아 꾹꾹 찌른다.

언어는 힘이 있다. 말 한마디에 천 냥 빚을 갚기도 하고, 편지 한 통이 전쟁을 끝내기도 한다. '모양도 색깔도 냄새도 무게도' 없는 말들이 그 어떤 가시보다 날카롭고 깊은 상처를 낸다. 쉽게 치유되지 않는 상처는 점점 커지고 또 다른 상처를 만들어 가시덤불 같은 고통이 되기도 한다. 그렇다고 좌절하거나 포기하면 안 된다. 고통의 가시덤불이 앞을 가로막아도 살아야 한다. 가시덤불을 헤치고 희망의 빛을 밝혀주거나 묵묵히 믿고 기다려주는 존재 한 명만 있어도 다시 희망을 꿈꿀 수 있다. 가시덤불을 걷어내고 삶의 꽃을 피울 수 있다.

나는 믿어.
네 안에 있는 그 꽃.

이제야 알았어요.
채워 줘서 내가 비우고
비우면 다시 채워 주고 있었다는 것을.
「문득」

한낮 뜨거운 열기가 사그라들어 제법 시원해진 여름밤, 엄마 손을 잡고 집 근처 공원을 천천히 걷는다. 여든이 훌쩍 넘은 엄마는 다리에 힘이 없어 손을 잡아주지 않으면 혼자 걷기 힘들다. 혹 넘어질세라 내 손 꼭 잡고 걷던 엄마가 말씀하신다. "에구, 벌써 보름이네. 내일은 절에 가서 기도드려야겠다."

평생을 그랬다. 자식의 삶이 거칠어질까 반질반질 윤이 나도록 닦고 또 닦으셨다. 자식의 삶이 메마를까 기쁨, 사랑, 행복을 아낌없이 채우셨다. 내 삶이 빛나고 가득 채워지는 동안 엄마의 시간은 점점 비워졌다. 그리고 얼마 남지 않았다.

그래도 괜찮으시단다. 거칠어진 손과 힘 빠진 다리는 오히려 자랑이라며, 다 주고 나니 가벼워서 좋다고 하신다. 봄날 작디작은 연둣빛 싹이 여름 햇살 아래 예쁜 꽃을 피우고 가을 단풍처럼 아름답게 물들어가는 자식의 시간을 바라보기만 해도 행복하다 하신다.

엄마의 말에 이제야 맘속으로 속삭인다. '엄마, 이젠 내가 할게요. 엄마가 비우고 싶고 채우고 싶은 것 함께해 드릴게요.'

이제야 알았어요.
채워 줘서 내가 비우고
비우면 다시 채워 주고 있었다는 것을.

시작해 봐.
너 자신이 되어 봐.
최고의 모습이 되어 봐.
『시작해 봐! 너답게』

어린 시절 화가가 꿈이었다. 그림이 마냥 좋았다. 그림을 곧잘 그린다는 칭찬을 들었고 상도 받았다. 화가의 길을 의심하지 않았으나 여러 상황으로 붓을 놓았다. 이루지 못한 꿈은 늘 가슴 아리다. 나이가 들어서는 그림에 대한 욕구가 커져도 그림을 새롭게 시작하는 일에 주저한다. 마음은 용기를 내라고 아우성치지만, 새로운 시도로 생길 리스크를 계산하는 덫에 걸려 시작조차 못 했다. 꿈을 위해 사놓은 캔버스와 물감들도 먼지를 입은 채 방치되었다.

그러던 어느 날 엄마의 진짜 꿈은 무엇이었냐는 딸의 물음이 타성에 젖은 일상을 깨웠다. 그날 어둑한 저녁 우두커니 백지를 놓고 꿈을 그렸다. 그 순간 내 안의 나를 보살펴 주자는 간절한 마음속 목소리가 들려왔다. 돌이켜 보면 지난 시간에서 가장 후회되는 건 첫발조차 떼지 못했던 무수한 시작들이다. 뜻하는 일을 이루려면 시작해야 하고 단순해져야 한다고 배웠다. 진정으로 원하는 일에 쏟는 열정이 나를 최고로 이끄는 길임을 믿는다. 다시 백지 위에 꿈을 그리며 멋진 시작을 준비한다.

시작해 봐.
너 자신이 되어 봐.
최고의 모습이 되어 봐.

지금의 네가 좋아.
늘 함께할 수 있는 너 말이야.

『우리 함께 있어』

젊은 시절 늘 직장, 육아, 가사일 등 일상에 쫓기어 바쁘게 살았다. 일에 찌들어 피곤해서 내 앞길 살펴 가는 것만으로도 버거웠다. 그래서 인생의 동반자라는 사람조차 버거웠다. 그러니 서로 배려하기보다 바람이 더 많았고, 충족되지 않는 마음은 늘 불만으로 가득했다. 그렇게 갈등을 겪으며 수없이 싸우기도 했다.

이제 직장도, 육아도 끝나고 덩그러니 둘이 남았다. 이제 제대로 상대편이 보이기 시작했다. 그 마음도 보이고, 날 위해 움직이는 수많은 몸짓도 내게 와 닿는다. 다른 사람이 아닐진대 왜 달라진 것일까. 한층 여유로워진 삶이 상대 존재 자체의 모습을 볼 수 있게 해주는 것은 아닐까.

이제 서로 여유롭게 바라보며 많은 말을 하지 않아도 편안하다. 지금의 당신을 이해할 수 있는 건 오랜 세월을 같이했기 때문이다. 지금의 당신은 현재의 당신만이 아니라 과거의 당신으로부터 시작한다. 그런 지금의 당신이 좋다. 늘 함께 할 수 있어서. 그냥 존재만으로도 큰 힘이 되는 그런 사람이다.

지금의 네가 좋아.
늘 함께할 수 있는 너 말이야.

아마 슬픔은 네 말에 귀를 기울일 거야.
듣는 것을 좋아하거든.

『슬픔은 코끼리』

    나를 둘러싼 고요함이 오늘따라 유난히 무겁습니다. 나는 가만히 앉아, 세상을 등지는 선택을 할 수밖에 없었던 동료의 마음을 떠올려 봅니다. 코끼리처럼 짓누르던 슬픔이 천천히 내 곁에 다가와 앉습니다. 나는 그저 한숨만 내쉽니다. 그러면 슬픔은 내 마음의 조각들을 하나하나 모아 주는 듯, 그 고요 속에서 모든 이야기를 들어줍니다. 당신은 얼마나 많은 밤을 홀로 견뎠을까요? 누구에게도 털어놓지 못한 채, 무거운 짐을 혼자서 감당하면서 말입니다. 슬픔은 당신이 못다 한 말들을 조용히 전해줍니다. 듣는 것을 좋아하는 슬픔은 당신의 이야기를 나보다 더 많이 알고 있는 것 같습니다. 나도 모르게 눈물이 흐릅니다.

    나는 비로소 느낍니다. 당신이 감내한 고통과 외로움이 얼마나 깊었는지를. 나는 이제 당신이 겪은 아픔과 고통이 반복되지 않기를 바라는 마음으로 슬픔에게 인사를 합니다. 슬픔이 당신과 나의 이야기를 묵묵히 받아준 덕분에 나는 다시 한번 나아갑니다. 슬픔을 누릴 수 있어 평안했습니다. 당신도 이제는 평안하십시오.

아마 슬픔은 내 말에 귀를 기울일 거야.
듣는 것을 좋아하거든.

때로는 작은 것이 아름다워요.
『작아지고 작아져서』

"엄마, 생일 선물로 어떤 걸 받고 싶어요?" 열 살 딸아이의 질문에 '편지'를 받고 싶다고 하니 아이는 "그런 거 말고, 진짜 선물이요" 한다. 용돈으로 무언가를 사서 선물하고 싶은 아이의 마음이 고마워서 새로 나온 '그림책'을 받고 싶다고 했다. 같이 서점에 갈 날짜를 정하며 즐거워하는 아이의 표정을 보니 딸과 함께 이야기 나누는 이 시간이 가장 큰 생일 선물인 것 같다.

그러고 보면 나를 행복하게 해주는 건 값비싼 물건이나 대단한 이벤트보다는 일상에서 만나는 작은 온정, 소소한 기쁨의 순간이다. 엄마를 공주로 그려주는 아이의 사랑스러운 편지, 새로 나온 보드게임을 사 들고 들어오는 남편의 미소, 반찬통에 꾹꾹 눌러 담은 엄마의 오이소박이, 일터에서 책상 위에 누군가 두고 간 달콤한 쿠키, 엘리베이터가 닫히는 순간 열림 버튼을 누르고 "타세요" 하는 낯선 사람의 친절. 누군가 내민 손과 미소, 따뜻한 마음이 내 삶을 아름답게 채워준다.

때로는 작은 것이 아름다워요.

그러니까 내 말은……
모두 모두 고마워. 나에게 와 줘서.
『그러니까 내 말은』

 살짝 미소를 띤 얼굴은 바라보는 것만으로도 행복하다. 특별한 일이 없어도 세상을 밝히는 빛과 같이 늘 미소 지으며 살아가는 사람이 있다. 그와 꾸준히 알고 지내다 보니 그 미소가 감사에서 나온다는 것을 알게 되었다. 입는 옷, 물을 마시는 유리컵, 글을 쓰는 종이, 따뜻한 바람, 시원한 수돗물, 음식에 간을 더하는 소금, 어둠을 밝히는 전깃불 등은 우리가 살아가는 데 꼭 필요한 존재들이다. 땀 흘려 일해야 구할 수 있는 것도 있고 노력 없이 저절로 얻을 수 있는 것도 있지만, 모두 누릴 수 있어 고마운 것들이다.
 나는 한때 무표정한 얼굴로 입을 툭 내밀거나 미간에 주름이 가득한 얼굴로 살았다. 잘 되는 일 하나 없고 웃을 일도 없었기 때문이다. 어떻게 살아야 하는지 모르기도 했고, 삶이 너무 막막했던 탓도 있었다. 무엇보다 감사할 줄 몰랐다. 그러니 하는 일은 꼬이고, 될 일도 안 될 때가 많았다. 그래서 내가 누리는 것에 감사하며 웃어 보았다. 웃으니 복이 오고, 오는 복이 고마워서 웃게 된다. 고마운 마음으로 사는 삶, 눈부시고 아름답다.

그러니까 내 말은……
모두 모두 고마워. 나에게 와 줘서.

곁에 있지 않을 때도
우리 마음은 함께야.
엄마 마음에는 네가,
네 마음에는 엄마가 있으니까.

『함께라는 걸 기억해』

    어릴 적 몸이 약했던 나는 자주 아팠다. 그럴 때마다 엄마는 미역국을 끓여주셨다. 싱싱한 미역을 큼직하게 잘라 넣고, 소고기 국물을 우려내어 구수한 국물을 만들었다. 뭉글뭉글 끓어오르는 미역국을 보며 엄마는 항상 따뜻한 미소를 지으셨다. "우리 딸, 이거 먹고 빨리 나아야지." 혼자 살며 뜨거운 국물 한 숟갈이 주는 따뜻함을 잊어버릴 때쯤, 엄마의 미역국은 내 기억 속에서 사라져 갔다.

    밤새 울음을 그치지 않는 아기를 안고 지쳐 있던 어느 날, 냉장고에 남아 있는 미역을 발견하고 무작정 국을 끓였다. 익숙한 향이 코를 자극했다. 끓어오르는 냄비를 바라보며 멍하니 서 있었다. 아기를 낳고 먹었던 미역국, 생일마다 차려주셨던 미역국… 하나둘씩 기억이 떠올랐다. 뜨거운 미역국을 한 숟갈 떠먹는 순간, 엄마의 손길이 느껴졌다. 구수한 국물이 목을 타고 넘어가면서 지친 마음이 조금씩 진정되었다. 엄마의 미역국은 단순한 음식이 아니라 나를 사랑하고 위로해주는 따뜻한 존재였다. 나도 아이에게 따뜻한 미역국 한 그릇으로 엄마의 마음을 전해줘야겠다.

곁에 있지 않을 때도
우리 마음은 함께야.
엄마 마음에는 네가,
네 마음에는 엄마가 있으니까.

너의 미소는 나를 웃게 하고
모든 것들을 한순간에 잊게 만들어.
『세상에서 가장 소중한 너에게』

두 아이의 육아로 한참 몸이 힘든 시기를 보내고 있다. 막내와 함께 한지 이제 16개월이 되었다. 첫 아이를 키울 때도 일과 육아를 병행하느라 항상 내 능력 대비 120%의 에너지를 끌어올려 살았다고 생각했는데, 두 아이와 함께하는 삶은 생각했던 것보다 훨씬 고단하다. 두 아들 육아에 쌩쌩한 30대인 남편과 나는 매일 밤 나가떨어진다. 매일 남편과 나는 부지런히 사는 것 같은데도 우리를 비웃기라도 하는 듯이 육아와 집안일은 매일 산적해 있다.

저녁을 준비하는 우리 부부에게 큰아이가 종이를 쓱 내민다. '엄마 아빠 사랑해요.' 엄마 아빠를 너무 사랑해서 유치원에서 써 왔다고 한다. 아이에게 고마움을 표현하고 소중한 종이 한 장을 부엌 가장 잘 보이는 곳에 붙인다.

두 아이를 재우러 들어갔더니 아이들이 뒹굴뒹굴하며 까르르 웃는다. 세상 가장 예쁜 미소를 보여주는 아이들을 보면 하루의 피로가 스르륵 녹는다. 아이를 토닥이며 재우고 밀린 빨래와 집안일을 한다. 아이들이 주는 힘을 받아서.

너의 미소는 나를 웃게 하고
모든 것들을 한순간에 잊게 만들어.

엄청나게 크든
엄청나게 작든
그리고 그 사이에 있는 누구든
우리는 누구나 똑같이 소중해.
『모두 소중해』

아이와 산책을 한다. 15분이면 갈 길이 아이 손을 잡으면 30분이나 걸린다. 어제는 한참 지렁이를 관찰하더니 오늘은 짹짹이에게 열매를 주겠단다. 아이는 화단 사이를 매의 눈으로 살펴 빨갛고 동글동글한 열매를 몇 알 줍더니 혹시라도 짹짹이가 못 찾을까 봐 계단 틈에 잘 보이게 놓는다. 몇 걸음 걷다 머리가 하얀 민들레를 후 하고 불고 또 몇 걸음, 이번에는 작은 무당벌레를 찾아냈다.

"무당벌레는 빨갛고 작아. 콩벌레는 동그래." 하다가 이내 쪼그려 앉았다. 도서관 가자더니 대체 언제 도착하냐며 불평쟁이 엄마가 된 나도 어쩔 수 없이 꼬맹이 옆에 앉는다. 아이의 눈에 들어온 이름 모를 풀, 꽃, 곤충. 하나하나 다 신기하고 소중하다.

"얘 이름이 뭐야? 왜 꼬물꼬물 걸어가고 있어?" 하고 묻던 아이가 작은 손으로 조심스레 나뭇잎을 만져보더니 인사를 한다. "벌레야, 집에 조심해서 가. 짹짹아, 열매 맛있게 먹어!"

우리의 시계는 잠시 멈추었다 다시 천천히 움직인다. 바쁘다는 말을 달고 사는 나도 덕분에 찬찬히 아름다운 세상을 본다.

엄청나게 크든
엄청나게 작든
그리고 그 사이에 있는 누구든
우리는 누구나 똑같이 소중해.

이제는 내가
강물을 거슬러 오를 때다!

―

『분홍 귀고리』

순하다는 말을 자주 들었다. 어렸을 때는 교과서대로, 커서는 사회규범에 따라 살아왔다. 비판이나 저항 의식 없이 권위에 순응했다는 말이다. 어렸을 때 온 집안 식구가 모이면 남자 밥상과 여자 밥상이 달랐다. 남자들은 화려한 자개 상에, 여자들은 부엌 앞에 놓인 질그릇처럼 투박한 상에 앉았다. 맛있는 요리도 예쁜 그릇도 모두 남자 밥상이 우선이었다. 억울했지만 가부장적 사회문화는 공고했고, 거스르기 힘든 흐름이었다.

 하지만 지식도, 규범도 모두 지배계급의 관점을 대변하는 주관적인 하나의 가치일 수 있다. 지금 세상을 지배하고 있는 사조와 유행은 유구한 역사 속 단지 찰나의 현상일 뿐이다. 철옹성 같던 가부장적 유교문화도 의문을 품은 무수한 이들의 노력으로 서서히 희석되어 갔다.

 시간이 흐르며 사회는 발전했지만, 여전히 다양한 부조리가 놓여 있다. 세차게 흐르는 강물을 찬찬히 바라본다. '가다 보면 동료를 만나겠지. 그러면 어느새 이것이 또 다른 흐름이 되어 있겠지.' 용기를 내어 거친 물살로 뛰어 들어간다. 첨벙!

011

눈의 세상에서 선명해지는 건
아무것도 아닌 존재.
작고 희미한 것.

『눈의 시』

   이른 아침 해가 뜨기 전인데도 밖이 환하다. 베란다 창으로 내다보니 온 동네가 밤새 내린 눈으로 겨울 세상이 되었다. 추운 겨울인데도 눈 덮인 풍경이 정겹고 따뜻하게 느껴진다. 옷을 단단히 챙겨입고 집 앞 공원으로 산책을 나선다. 눈이 만들어낸 새하얀 여백에 사박사박 소리를 내며 발자국을 남긴다. 내가 살아온 발자국을 한 걸음 한 걸음 꾹꾹 눌러 되새겨본다.

   겨울이 되니 화려한 꽃과 무성한 잎에 가려졌던 나뭇가지가 단단하고 선명하게 제 모습을 드러낸다. 소복이 쌓인 함박눈 위에 작은 새의 발자국이 총총히 이어져 있다. 하얀 눈이 세상을 포근하게 감싸고 나니 평소 보이지 않던 작은 것들의 소중함이 드러난다.

   오랜 시간 행복하게 살지 못했다는 자책감과 조급함에 새해가 되면 다이어리에 신년 계획이며, 버킷리스트를 잔뜩 쓰곤 했다. 멋지고 특별한 것들로 가득 찬 한 해를 기대했다. 하지만 이제는 알 것 같다. 행복한 삶은 내리는 눈처럼 작고 평범한 나의 하루가 차곡차곡 쌓인 후에야 보인다는 것을.

눈의 세상에서 선명해지는 건
아무것도 아닌 존재.
작고 희미한 것.

012

누군지 몰라도 고마워요.
이곳을 보고 기분이 좋아졌거든요.
작은 꽃 한 송이를 아끼는 마음에 감동받았어요.
이 꽃처럼 예쁜 마음을 담아갈게요.

『여기 꽃이 있어요』

길을 가다가 머문 시선. 사소한 발견으로 온종일 기분이 들떠서 모든 것이 특별해 보이고, 사소하지 않은 날이 되는 경우가 많다.

청주로 혼자 여행을 갔다가 이름 없는 작은 가게를 발견했다. 누가 보더라도 눈에 띄는 형광 주황색 지붕 밑 노란색으로 칠한 벽에 알록달록 예쁜 꽃과 나비 그리고 풀잎이 가득 그려져 있었다. 그리고 작은 글씨로 '나는 희망을 잡고 살아'라고 적혀 있었다. 길을 가다가 우연히 발견한 사소한 그림과 글로 나는 희망이 가득 찬 느낌을 받았고, 가슴속이 뜨거워졌다. 사람이 많이 찾는 가게는 아니었는데 그 길을 지나는 사람들이 보며 희망을 품기를 바랐던 걸까? 작은 가게 주인은 물건을 팔려는 마음보다는 그 가게를 지나는 모든 사람에게 희망을 주기 위해 벽면에 작은 배려를 보여주었다.

이런 따뜻한 작은 배려, 사소한 행동 덕분에 특별한 하루를 선물 받은 것 같아 너무 행복했다. 나도 작은 배려로 다른 사람에게 사소하지 않은, 아니 조금은 특별한 하루를 선물할 수 있는 따뜻한 사람이 되어야겠다.

누군지 몰라도 고마워요.
이곳을 보고 기분이 좋아졌거든요.
작은 꽃 한 송이를
아끼는 마음에 감동받았어요.
이 꽃처럼 예쁜 마음을 담아갈게요.

013

꿈을 이룬다는 것은
기다림과 인내의 열매라는 사실을요.

『레오의 특별한 꿈』

어렸을 때, 부모님 학력란에 '초졸'이라고 쓰는 것이 참 부끄러웠다. 가부장적인 아버지가 어린 내가 봐도 부끄러운 언행을 하시는 것이 배움이 짧아서인 것 같아 더욱 창피했다. 그래서 내 아이가 으쓱대며 말할 수 있는 부모가 되어야겠다는 꿈을 남몰래 가졌다. 어린 내게 선생님이 가장 멋져 보였고, 선생님이 되기 위해 열심히 공부했다. 공부하다가 힘들 때마다 꿈을 되뇌며 인내했다.

선생님이 된 후에는 또 다른 꿈이 생겼다. 바로 현모양처였다. 마음이 잘 맞는 남편을 만나 부부 사이는 좋다. 엄마가 되고서 아이를 잘 키우고 싶어 갖은 노력을 했다. 그러나 자식을 키우는 일은 내 노력만으로 되는 것이 아니었다. 큰 애가 사춘기를 겪으면서 지각이 잦고, 벌점도 많이 받으며 기대와는 전혀 다른 언행을 보이기 시작했다. 크게 혼도 내고 타일러도 보았지만, 3년이 지나도 나아지지 않고 있다. 매일 기도하며 기다리고 있지만, 내 노력만으로 이루어지지 않는 꿈이라 더욱 힘들다. 길고 힘든 기다림의 끝엔 좋은 열매가 맺힐 것이라 믿으며 오늘도 기도한다.

꿈을 이룬다는 것은
기다림과 인내의 열매라는
사실을요.

네 마음 가는 대로,
네가 가고 싶은 데로 가면 돼.
네가 가는 길이
곧 길이 될 테니까.

『너 자신을 믿어』

두렵다. 예측할 수 없는 일을 하려 하면 언제나 급격한 불안감에 시달린다. 어려선 하고 싶은 게 많았는데 '여자라서.' '엄마가 허락을 안 해줘서!'라고 늘 생각했다. 하지만 아니었다. 할 수 있을 때도 여전히 이런저런 이유를 들어 도전하지 않았다. 딱 앞을 예측할 수 있는 일에만 발을 내디뎠다. 그러다 보니 남들 가는 길을 늘 뒤쫓으며 변화 없는 답답한 삶을 살아왔다. 내가 있는 자리에서 최선을 다하는 삶이 가장 건실한 삶이라고 합리화하면서.

새로운 모험에는 언제나 두려움이 동반되었다. 새로운 것에 대한 호기심에 가슴이 두근거리다가도 이내 낯설고 예측불허의 미래에 대한 두려움으로 머리를 흔들어 털어내고 주저앉았다. 그리곤 타인의 도전적 삶은 너무나도 동경하며 부러워했다.

새로운 모험이 가져올 안전하지 못한 상황을 줄였더니 내 삶도 볼품없이 작다. 익숙한 것이 편해서 마냥 그곳에 머물러 있었던 시절이 한평생이다. 앞으로는 내 마음이 가리키는 대로, 가고 싶은 대로 나만의 제2의 인생길을 떠나보려 용기를 내본다.

네 마음 가는 대로,
네가 가고 싶은 대로 가면 돼.
네가 가는 길이
곧 길이 될 테니까.

015

순애야, 나는 네가 겁쟁이 순애여도 괜찮아.
우린 너의 있는 그대로를 사랑해.

『순애는 집 밖을 안 나가!』

고립·은둔 청년에 관한 뉴스를 보았다. 취업, 인간관계, 건강 등의 문제로 집에서만 지내는 청년이 2023년 기준 약 51만 명이다. 한창 빛날 시기에 세상과 단절되어 힘든 시간을 보내고 있는 걸 생각하니 안타깝다. 나 역시 20대에 미래에 대한 고민으로 힘든 시간을 보냈다. 중요한 시험에서 연이어 떨어지고, 친구들의 시험 합격과 취업, 결혼 소식 그리고 부모님의 기대와 염려는 나를 더욱 위축시켰다. 나만 빼고 모두 앞으로 나아가는 세상이 두려워 긴 시간 집 밖을 나가지 않았다.

그때 내게 힘을 준 것은 "고된 직장 일을 마치고 집에 오면 네가 있어서 힘이 난다"던 언니의 따스한 말이었다. 특별히 한 것도 없는데 힘이 난다니, 부족한 나도 누군가에게 의미 있는 존재가 된다는 게 위로가 되었고 힘든 시기를 이겨내는 힘이 되었다.

내가 어떤 모습이건 나는 누군가에게 힘이 될 수 있는 중요한 사람이다. 세상과 고립되어 살아가는 많은 청년에게도 말해주고 싶다. "당신은 있는 모습 그대로 소중한 사람이에요."

순애야, 나는 네가 겁쟁이 순애여도 괜찮아.
우린 너의 있는 그대로를 사랑해.

016

처음부터 내 것도 아니고 처음부터 네 것도 아니다.
『아빠의 밭』

이른 아침, 밝아 오는 창가에 서서 하루를 시작하며 바질에게 인사한다. 밤새 잎이 커지고 줄기도 자란 것 같다. 바질 씨앗을 뿌려 키우기 시작했는데 어느새 쑥쑥 자란 잎을 따서 식탁에 상큼함을 더하고 있다. 식물을 키우고 가꾸는 소소한 기쁨이 좋다.

씨앗을 뿌리고 물을 주고 분갈이를 하는 것은 나지만, 오롯이 내 돌봄과 정성만으로 자라지 않는다. 적당한 햇볕과 바람, 습도가 있어야 한다. 때로는 화분에 이름 모를 씨앗이 떨어져 싹이 돋기도 하고, 꽃이 피면 벌이나 나비가 날아와 꽃가루를 나르기도 한다. 저절로 자라는 것 같지만 그저 자라는 것은 없고, 다 내가 키운 것 같지만 내 힘만으로 크는 것도 없다. 서로 돕고 의지하며 살아간다.

내가 키우고 돌보는 식물이 내게 위로와 기쁨을 주며 나를 돌보기도 한다. 작은 씨앗을 심으며 싹이 트기를 기다리는 설렘, 작은 싹이 자라 화분 가득 초록 잎이 무성해지는 것을 바라보는 뿌듯함, 예쁜 꽃이 피는 신비로움, 긴 시간을 견디고 열매를 키웠을 때의 기쁨들이 나를 살게 한다.

처음부터 내 것도 아니고
처음부터 네 것도 아니다.

017

매미의 노래를 들으며 나는 처음으로
땅 위의 여름이 얼마나 아름다운가를 알았어.

『7년 동안의 잠』

여름이면 곳곳에서 매미 소리가 난다. 7년을 땅속에서 지내다가 짝짓기를 위해 배의 공명을 이용해서 쟁쟁한 소리를 낸다. 매미의 노래는 무더운 여름에 시원한 느낌을 준다. 매미가 노래하는 나무 아래에는 개미들이 쉴 새 없이 먹이를 구하러 돌아다닌다. '먹이를 구하기 위한 개미의 노동'과 '누군가를 시원하게 해주는 매미의 노래' 중 어느 것이 더 가치가 있을까? 노동의 가치가 귀한 만큼, 누군가를 즐겁게 해주는 일도 귀하다는 생각을 해본다.

어떤 사람은 땀 흘리고 일하는 것이 제일 귀하다고 말한다. 그러나 가수의 노래 한 구절이, 피아니스트의 연주 한 곡이 밤늦도록 일해서 지친 사람에게 한 줄기 빛이 되고 희망이 될 때가 있다. 노래에 고달픔을 덜고, 세상이 아름답다고 말하며 내일의 꿈을 꾼다. 바쁘고 고된 하루 끝의 퇴근하는 지하철, 이어폰을 귀에 꽂는다. 라디오에서 나오는 DJ의 따뜻한 위로와 감미로운 노래가 들려온다. 세상은 온통 나를 위해 존재하고 포근히 감싸는 음악은 아름다운 아름다운 천국을 만든다. 따뜻한 노래 한 소절이 지치고 무거운 어깨에, 상한 마음에 치유가 된다.

매미의 노래를 들으며
나는 처음으로
땅 위의 여름이 얼마나
아름다운가를 알았어.

018

가만히 들여다보렴.
겉으로 보이는 것은 아주 작아.
사람은 모두 커다란 세계를 품고 있지.

『가만히 들여다보렴』

    내 마음을 불편하게 하는 직장 동료가 있다. 인사를 건네도 반응이 영 시원치 않고, 대화를 시도해도 별말이 없어 대화가 이어지지 않았다. 예의가 없고 남을 배려할 줄 모르는 사람이라고 판단해 가까워지려고 하지 않았다.

    어느 날 문득 그 사람이 나를 찾아왔다. 감기로 고생하는 것 같아서 걱정이 된다며, 직접 만든 생강청을 불쑥 내밀었다. 그 뒤로도 다른 사람을 돕는 걸 종종 보았다. 내가 생각했던 사람이 아니었다. 겉으로 봤을 때는 알 수 없었지만, 가만히 들여다보니 이 사람의 마음이 보였다. 이 사람은 부끄러움이 많아 새로운 환경에 적응하는 데 오랜 시간이 필요한 사람이라는 걸 알게 되었다. 적응하는 동안에는 말을 걸어도 어쩔 줄 모르고, 인사를 주고받는 것도 불편해하는 사람이다. 하지만 마음속 깊은 곳에는 다른 사람을 향한 따뜻함이 가득했다. 다른 사람의 필요를 볼 줄 아는 눈을 가진 사람이었다. 겉으로 보이는 것은 이 사람의 일부일 뿐, 그 안에 품고 있는 커다란 따뜻함이 진짜였다. 가만히 들여다보니 그제야 보였다.

가만히 들여다보렴.
겉으로 보이는 것은 아주 작아.
사람은 모두 커다란 세계를 품고 있지.

019

놀기에 늦은 나이란 없어요.
『개가 가르쳐 준 삶의 교훈들』

살면서 여러 후회를 하곤 한다. 그중 하나가 충분히 놀지 못한 것에 대한 후회이다. 긴 수험생활 동한 하고 싶은 것을 꾹 참은 것이 한스러웠던 나는 수험생활이 끝나자마자 나름의 최선을 다하며 놀기에 힘썼다. 없는 시간을 만들어 이곳저곳 여행을 다니고, 친구들도 실컷 만났다. 그런데도 여전히 좀 더 잘 놀아야 했다는 후회를 한다. 그래서 이제는 이런 후회를 하지 않으려고 잘 놀기 위한 계획을 세운다.

'잘 놀기 위한' 계획에 따라 친구와 제주도에 갔다. 우리는 남편들에게 아이들을 맡기고 훌쩍 떠났다. 아이들 없이 한 여행이기에 평소에 가기 어려운 식당과 카페를 가고, 예쁜 소품 가게도 다녀왔다. 원데이 운동강좌도 듣고 오고, 비를 맞으며 숲을 산책했다. 이러한 여행을 20대에 하지 못한 것을 아쉬워했지만 몸과 정신의 건강을 잘 유지하여 할머니가 되어서도 이렇게 종종 놀기로 약속했다. 이제 곧 40대가 된다. 40대가 되어도 그리고 더 나이를 먹어도 지금처럼 종종 재미있게 놀 것이다.

놀기에 늦은 나이란 없어요.

020

좀 느리면 어때. 꽃도 보고 풀도 볼 수 있어 좋지.
『거북아 어디가?』

아침에 출근할 때 걸어가는 길을 좋아한다. 차로 가거나 대로변으로 단숨에 갈 수도 있지만, 조금 일찍 나와서 일부러 돌아가는 길을 택한다. 분주함은 뒤로하고 느린 시간 속에서 세상을 더 가질 수 있다는 것을 배운다.

장식이라고 여기며 스쳐 지나갔던 풍경이 눈에 들어오면서 새로운 만남이 시작된다. 꽃 하나하나에도 얼굴이 있음을 알게 되어 다음 길에는 서로 알아보는 기쁨도 누린다. 다른 열매와 다르게 속에 있는 씨를 그대로 드러내 놓고 있는 빨간 열매는 마치 누군가를 부르는 것 같다.

가을이 되어 강렬한 색을 만드는 단풍은 사람들이 땅속에 묻히기 전 곱게 화장하는 모습을 떠올리게 한다. '자신의 마지막을 생각하며 그렇게도 고운 색을 입히고 있는 걸까?' 떨어진 자리에서 썩어 새로운 생명을 싹틔우게 하는 낙엽을 보며 나의 생도 누군가에게 의미 있게 남고 싶다는 마음을 담는다. 느리게 가는 시간은 오히려 더 많은 것을 소유하게 해주며 뿌듯함을 선물해준다.

좀 느리면 어때.
꽃도 보고 풀도 볼 수 있어 좋지.

떨어지고
또 떨어질 용기가 있다면,
언젠가 훨훨 날 수 있을 거야.

매일 사람들은 자신의 우주를 들어올린다.
『건물의 초상』

오전 8시. 출근길에 시장이 있다. 이른 시간임에도 벌써 시작된 시장의 하루. '웃차!' 하는 기합 소리와 함께 셔터를 들어올리는 옷가게 사장님부터 감자가 가득 든 상자를 '허잇!' 하고 기운을 모아 들어올리는 채소가게 사장님까지. 그 무거운 것을 무거운 줄 모르고 들어올리는 것은 사장님을 바라보고 있는 '가족'이라는 우주를 들어올리기 위해서다.

활기로 가득한 시장길을 지나오면 너무 무거워 뒤로 넘어질 것 같은 책가방을 어깨에 메고 등교하는 아이들을 만난다. 잠도 오고 가방은 무겁고 갈 길은 멀지만, 아이들은 '배움'이라는 우주를 들어올리기 위해 매일 책가방을 메고 등교한다.

나 또한 매일 더 무거워지는 가방을 울러 매고 출근하는 것은 '가정과 교실'이라는 나의 우주를 들어올리기 위함이다. 결코 가볍지 않을 우주일 텐데도 들어 올리는 것을 포기하지 않는 나와 주변 사람들. 참 멋지고 대견하며 대단하다. 또한, 그들 덕분에 오늘도 우리가 사는 세상이 무탈하게 돌아갈 수 있음에 감사하다.

매일 사람들은
자신의 우주를 들어올린다.

고양이처럼 몸을 크게 부풀리고
마음도 크게 부풀려.
어떤 것도 겁나지 않을 만큼.
그리고 이제, 밖으로 나가는 거야!

『고양이는 나만 따라 해』

  소설 속에나 있는 일이라고 여긴 사건이 내게도 일어났을 때 자존감은 바닥을 쳤고 어깨는 잔뜩 주눅 들어 움츠려졌다. 유물론자라고 자부했던 내가 점집을 돌며 이건 팔자 탓이지 내 잘못은 아니라고, 애쓰며 견디던 시간이 있었다. 뭔가 돌파구가 필요했고 나는 섬에 잠시 가서 살기로 했다. 승진을 위해서라는 남들 보기에 그럴 듯한 명분이 있었다. 안개로 때론 풍랑으로 자주 배가 뜨지 않는 곳, 섬 한 바퀴 걸어서 도는 데 2시간이면 충분한 곳, 헬기장에 누워 쏟아지는 별을 바라보던 곳, 저녁놀이 아름답던 곳, 그림을 그리라면 카페리호를 그리는 아이들이 있는 곳.

  나는 그곳에서 조금씩 단단해졌다. 내게도 세상의 모든 일이 일어날 수 있음을 받아들였고 '누구' 때문에 나의 행복과 불행이 결정되는 걸 더는 두고 보지 않기로 했다. 아직도 지독히 아픈 날이 없는 건 아니지만, 동굴 속에 숨어 살아갈 날이 마냥 두렵던 나는 이제 없다. 심신이 지쳤을 때 억지로라도 힘을 내어 밖으로 나가보면 조금은 만만해진 세상이 몸과 마음을 추스르도록 도와줄 것이다.

고양이처럼 몸을 크게 부풀리고
마음도 크게 부풀려.
어떤 것도 겁나지 않을 만큼.
그리고 이제, 밖으로 나가는 거야!

반듯한 길 쉽게 살아온 사람보다
흙투성이 감자처럼 울퉁불퉁 살아온 사람의
구불구불 구부러진 삶이 좋다.

「구부러진 길」

남편은 40대 초반에 갑작스럽게 회사를 그만두게 되었다. 아무런 준비도 없이 퇴직하게 되어 당장 어떻게 해야 할지 난감했다. 앞으로 어떤 일이 펼쳐질지 모르는 막막함과 불안함 때문에 마치 구부러진 길 앞에 놓인 것 같았다. 모퉁이를 돌았을 때 마주하게 될 일들이 두려웠다. 하지만 울퉁불퉁하고 험난해 보이는 구부러진 길은 새로운 경험을 열어주었다. 쉬지 않고 일해온 남편에게 고마운 마음을 갖게 되었고, 가족이 같은 취미 활동을 하면서 사춘기를 지나는 자녀와 많은 대화도 나눌 수 있었다.

남편은 퇴직한 지 4년이 지난 후 직장을 다시 갖게 되었다. 얼마 전 남편은 그 시간이 쉽지 않았지만, 인생의 소중한 열매를 맺어가는 순간이었고 함께해 주어서 고맙다고 말했다. 우리 가족이 구부러진 길을 걸었던 시간은 앞으로 또다른 구부러진 길을 마주하게 될지라도 함께 이겨나갈 수 있다는 용기를 갖게 해주었다. 앙상한 맨몸을 드러내며 죽어있는 듯 보이는 겨울나무가 생명을 담은 봄을 준비하는 것처럼 희망의 메시지로 받아들일 힘이 되었다.

반듯한 길 쉽게 살아온 사람보다
흙투성이 감자처럼
울퉁불퉁 살아온 사람의
구불구불 구부러진 삶이 좋다.

024

지금
그 어떤 최악의 상태에 있다 하더라도
반드시 잊지 말아야 할 것은
나 자신을 믿고 사랑하는 일이다.

「굿바이 블랙독」

    지난겨울 무릎을 다쳤다. 사소한 충격이었고 의료진도 대수롭지 않게 넘겼지만, 증상은 좋아질 기미가 없었다. 통증은 계속되었고, 계단을 이용하는 게 어려워졌다. 나는 걷지 못할 수도 있다는 두려움에 휩싸였고, 불안은 우울감으로 이어졌다.

    몸과 마음의 고통은 생각보다 컸고, 어떻게 하면 나을지 알 수 없었다. 길을 완전히 잃은 기분이 들자, 주변에 도움을 요청했다. 가족, 친구, 상담사, 의사… '누군가 답을 가지고 있겠지'라는 마음으로 매달렸다. 그들은 자기 방식으로 나를 돕기도 하고 외면하기도 했다. 기대면 기댈수록 공허하고 힘들어졌다. 그들은 신이 아니었고, 내 문제를 해결해 줄 수 없었다. 고통은 온전히 내 몫이었다.

    시간이 흐르면서 몸은 회복했고 마음도 어느 정도 치유됐다. 돌이켜 보면 그 시간을 버틴 힘은 나 자신에게서 나온 것 같다. 시련을 견뎌 내는 게 쉽진 않았지만, 힘들어도 포기하지 않고 스스로를 응원하면서 여기까지 왔다. 앞으로도 무수히 부딪히고 쓰러지겠지만 나는 이제 삶의 과정을 믿는다.

지금
그 어떤 최악의 상태에 있다 하더라도
반드시 잊지 말아야 할 것은
나 자신을 믿고 사랑하는 일이다.

마음속 소리에 귀를 기울이면,
우리는 언제나 길을 찾을 수 있어요.

『귀를 기울이면』

    대학 졸업을 앞둔 겨울, 졸업 후 진로에 대해 고민을 했다. 주변 사람들은 내가 어떤 결정을 할지 종종 물어보며 이런저런 조언을 했다. 공무원이 제일 좋다며 학원에 등록하기를 강권하는 삼촌부터, 마땅히 취업하는 것이 좋겠다는 고모, 전공을 더 공부해 공기업에 취직하는 것이 좋겠다고 대학원 진학을 권유하는 큰아빠까지…. 여러 가지 선택지가 있었지만, 어쩌면 좋을지 몰라 망설이며 고민하는 시간만 길어졌다.

    이런 고민을 엄마께 말씀드렸다. 엄마는 "무엇을 해도 괜찮아. 네가 정말 하고 싶은 것을 찾아서 스스로 정해봐"라고 말씀하시며 가만히 기다려 주셨다. 내가 정말 원하는 것이 무엇인지 곰곰이 생각해 보았다. 어릴 적 내 꿈은 선생님이었다. 장래 희망을 적는 칸에 늘 '교사'라고 썼다. 교사가 된다고 생각하니 미소가 지어졌.

    '그래. 교사가 되어야겠다.' 마음속 소리에 귀를 기울이니, 마음이 차분해지고 결정을 할 수 있었다. 결과가 어떨지 몰라 겁이 났지만, 용기를 냈다. 마음속 소리에 귀를 기울이면 길을 찾을 수 있다.

마음속 소리에 귀를 기울이면,
우리는 언제나 길을 찾을 수 있어요.

숨으니까 오히려 눈에 더 잘 띄는 거야.
통째로 다 드러나 있으면 눈에 익어서
모두 아무렇지도 않게 대하거든.
「그게 뭐 어때서」

"돼지는 이해되는데, 멧돼지는 너무 한 거 아닌가요?" 교실 문을 들어서며 아이가 속상한 얼굴로 나를 바라본다.

어린 시절의 내가 떠올랐다. 얼굴에 점 하나쯤은 누구나 있을 텐데 내 얼굴의 점은 거울을 볼 때마다 가리고 싶고, 없애고 싶은 커다란 흉터 같았다. 점순이라 놀림을 받을까 봐 머리카락 밑에 숨기고 어른이 되어서는 피부과에 가서 제거하고 싶었던 점. 당시의 의술로는 신경을 건드릴 수 있어 시도하지 못했다. 결혼 후 남편이 "어! 점이 있었네" 하는 말에 "그렇게 사랑스러웠구나!" 하며 웃어넘길 수 있는 마음의 여유가 생겼다. 처음 보는 아이에게는 만져보고 싶은 신기한 점. 눈높이를 맞춰 주고 "만져봐" 하며, 나의 엄마가 특별히 콕 찍어 놓은 점이라고 너스레를 떤다.

숨기지 않고 인정하면 마음이 편해진다. 어떨 때는 나를 알리고 기억하게 하는 매력이 되기도 한다. 남보다 통통해서 돼지로 놀림을 받았다면 "그게 뭐 어때서"라고 당당하게 받아들여 보자. 누구에게나 있는 점이 내게는 좀 더 클 뿐 이상한 것이 아니라고.

숨으니까 오히려 눈에 더 잘 띄는 거야.
통째로 다 드러나 있으면 눈에 익어서
모두 아무렇지도 않게 대하거든.

넌 네가 원하는 건 뭐든지 될 수가 있어.
네가 마음만 먹는다면 말이야.

『그레이스는 놀라워!』

가슴 설레며 참가한 황석영 작가의 강연 초반부터 나는 울적해졌다. 43년생인 작가는 앞으로 딱 세 권만 더 책을 내겠다며 쓰고 싶은 책의 내용을 구체적으로 말했다. 고아로 신산한 삶을 살아 글도 못 배우고 온갖 잡일로 생계를 책임지던, 이젠 치매로 일상생활조차 도움을 받아야 하는 우리 엄마가 동년배라는 것이 순간순간 서러웠다. 그러면서 나를 돌아보았다. 늘 핑계를 대며 적당히 살아가는, 원하는 게 사실 뭔지도 모르고 사는 내가 엄마 나이가 되었을 때 과연 작가처럼 자신 있게 남은 날에 확신을 가질 수 있을까? 원하는 걸 명확히 알고 실천할 수 있을까?

내 아픔 때문에 한동안 외면하고 살았던 우리 엄마가 온전치 못한 모습으로 내 옆에 계신다. 나는 이제야 엄마를 보살피며 나를 돌본다. 생의 여정을 갈무리하는 노년을 앞둔 내게 엄마가 소리 없이 말씀하신다. '넌 네가 원하는 건 뭐든지 될 수가 있어. 네가 마음만 먹는다면 말이야.' 그래, 엄마. 변명하지 않고 한번 해 볼게. 후회 없도록.

넌 네가 원하는 건 뭐든지 될 수가 있어.
네가 마음만 먹는다면 말이야.

김은 넉넉한 가슴을 돌돌 말아 모두를 꼭 안아 주었어.
그러자 얼어 있던 친구들의 마음이 사르르 녹아내렸지.

『김밥의 탄생』

 마음이 삐뚤빼뚤, 뾰족뾰족. 어느 날 너무 화가 난 적이 있었다. 왜 화가 났는지 이야기를 꺼내기도 싫어, 그냥 혼자 속으로 씩씩거리고 있었다. 오랜만에 만나는 친구 앞에서 화난 모습을 보이기 싫어 화를 삭이며 애써 웃었다. 몇 마디를 나누다가 친구가 내 마음을 눈치채고 한마디 했다.
 "무슨 일 있었어? 화가 잔뜩 난 걸 꾹 참고 있는 것 같은 목소리인데….'
 내 마음을 알아주는 친구의 한마디에 눈물이 핑 돌았다. 차갑게 꽁꽁 얼어있던 마음이 한 겹 풀렸다.
 그러고 나니 왜 화가 났는지 말하고 싶어졌다. 차분히 듣던 친구가 토닥토닥 내 마음을 다독여주고 나를 포옥 감싸안아 주었다.
 나를 온전히 감싸주는 넓은 품은 차갑고 딱딱한 마음을 어루만져준다. 누군가 내 마음을 알아주고, 포근히 감싸주는 부드러운 품에 삐뚤빼뚤 뾰족한 마음이 사르르 녹아내린다. 나도 누군가에게 따뜻하고 넓은 품이 되어주고 싶다.

김은 넉넉한 가슴을 돌돌 말아
모두를 꼭 안아 주었어.
그러자 얼어 있던 친구들의 마음이
사르르 녹아내렸지.

우리는 누구한테나 배울 수 있어요.
물고기한테도 말이에요.
「나는 [ ] 배웁니다」

배움의 과정은 즐겁고 보람차다. 몰랐던 것을 알게 될 때마다 새로운 세계가 열리며, 벅찬 감동이 밀려온다. 지금 당장 잘하지 못해도 배움의 과정에서 미래의 내 모습을 그릴 때 기대감으로 충만해진다. 배우는 일에 나이는 중요하지 않다. 언제든 배울 수 있다. 나이가 들수록 오히려 더 풍부한 경험을 바탕으로 배움의 깊이가 더해진다. 마치 나무의 나이테처럼 배움은 더욱 단단해지고 풍성해진다.

우리는 세상 모든 것에서 배울 수 있다. 수영을 잘하는 물고기에게 배우고, 길에 핀 풀꽃에게도 역경의 지혜를 얻는다. 우리 주변의 모든 것은 배움의 주제가 되고 성찰의 매개가 된다. 중요한 건 배우는 일에 꺾이지 않는 마음을 갖는 것이다.

인생에 항상 괄호[ ]를 가지고 가고 싶다. 이 괄호는 언제나 열려있고, 무엇이든 담을 수 있다. 세월이 흘러도 지금처럼 배우고자 하는 호기심과 도전적인 마음을 간직하고 싶다. 마치 사춘기 소녀의 설렘과 순수한 모습처럼 말이다.

우리는 누구한테나 배울 수 있어요.
물고기한테도 말이에요.

나에게 작은 정원이 있다면
'온 세상'이라고 부를 거야.
온 세상 가득한 뿌리와 씨앗은
내 마음과 영혼을 넉넉하게 해 줄 거야.

『나에게 작은 꿈이 있다면』

　아파트에 살고 있지만, 때때로 마당이나 정원이 있는 집에 살고 싶은 마음이 들곤 한다. 그러나 그럴 수 없는 여건이어서 안방 베란다를 작은 정원으로 만들기 시작했다. 처음에는 화분을 하나씩 마련하면서 시작한 것이 지금은 다채롭고 아름다운 식물들로 가득 차 있어서 마치 시골에 온 듯한 기분도 들고, 정글 속을 거니는 듯한 기분도 든다.

　누런 잎과 마른 가지들을 정리하고 물을 주며 식물들을 보살피는 것이 즐겁다. 식물이 하나씩 늘어날 때마다 돌봐주어야 할 시간도 늘어나지만, 행복도 하나씩 늘어난다. 식물이 쑥쑥 자라고 꽃을 피우는 모습에 온 세상을 다 가진 듯이 기쁘다.

　나의 작은 정원은 편안하게 숨을 쉴 수 있는 안식처이다. 도시의 바쁜 생활 속에서 일을 마치고 돌아오면 정원은 더없이 소중한 휴식처가 된다. 비록 마당이나 정원은 없지만, 베란다의 작은 식물로부터 큰 위안을 얻는다. 작지만 큰 세상, 나의 작은 정원은 내 마음과 영혼을 넉넉하게 해준다.

나에게 작은 정원이 있다면
'온 세상'이라고 부를 거야.
온 세상 가득한 뿌리와 씨앗은
내 마음과 영혼을 넉넉하게 해 줄 거야.

샴푸를 짜서 머리를 마구 문질렀어.
속상한 일들도 같이 씻어 냈지.

—

『개욕탕』

몇 해 전 우리 반이었던 그 아이는 점심시간에 다른 아이들과 어울려 놀기보다는 좋아하는 곤충 책을 혼자 읽던 아이였다. 곤충 카페를 운영하면서 다양한 곤충을 키우고 카페에 오는 손님에게 곤충에 관해 알려주는 것이 꿈이라고 했다. 교실에서 장수풍뎅이를 키우기 시작하면서, 매일 아침 장수풍뎅이에 관해 나와 이야기를 나누었다. 눈을 반짝이며 신나게 말하는 아이가 대견하고 기특해서, 그 뒤로 나는 아이에게 더 많은 관심을 기울였다.

어느 날 아이의 어머니가 상담을 요청했다. 꿈을 응원하는 마음으로 아이에게 기울였던 내 관심과 노력이 아무런 의미가 없어지는 내용이었다. 예상치 못한 상담 내용에 당황했고, 내 노력을 몰라준 어머니가 원망스러웠고 서운하고 속상했다.

퇴근 후에도 대화 내용이 머릿속을 계속 맴돌며 속상한 마음이 가라앉질 않았다. 잠들기 전 샤워하면서 속상하고 서운한 일이 깨끗이 씻겨 내려가길 바라면서 샴푸를 짜서 머리를 문질러 본다.

그러니까 나이 든 것과 어린 것은 비슷해.
아주 조금 다를 뿐.

「나이가 들면 어때요?」

 나이 든 것과 어린 것은 아주 조금 다를 뿐 비슷하다니, 이보다 더 큰 위로는 있을 수 없다. 또래보다 주민등록증 발급 통지서가 일찍 나왔을 때부터 나이 먹는 게 싫었던 내게 이 말은 사실이 아니더라도 아주 달게 느껴진다. 앨범을 정리하면서 군살 없이 볼만 했던 젊은 날의 내 모습을 보니 문득 영화 '인 타임(In Time)'처럼 신체 노화가 스물다섯쯤에서 멈추고 삶이 지속된다면 행복할지 궁금해진다. 인류의 진보는 익숙한 것에 권태를 느끼고 변화하고자 하는 것에서 비롯되었다고 생각하는데, 스물다섯 살 모습을 한없이 봐야 한다면 지루할 테니 늘어가는 주름도 예쁘게 봐줘야겠다.

 마음은 아직 젊다 못해 어려서 무심코 거울을 보게 되면 깜짝깜짝 놀란다. 쉽다고 생각한 일을 하고 나서 뒤늦게 찾아오는 심한 근육통으로 나이를 실감하며 감히 새로운 일을 벌일 용기를 못 내었는데, 어린 것과 비슷하다는 말에 힘입어 새로운 일에도 도전해 보려고 한다. 자, 나는 호기심 많은 어린아이고 무궁무진한 가능성을 갖고 있다. 아브라카다브라.

그러니까 나이 든 것과 어린 것은 비슷해.
아주 조금 다를 뿐.

잘될 것이라는 희망을 심어 주고
마음을 다정하게 다독여 주는 것,
오늘 하루가 나에게 주는 선물이에요.
「날마다 멋진 하루」

    엄마는 매주 3일 투석을 하신다. 마취 크림 바르고 낮 12시 반부터 4시 반까지 굵은 바늘 두 개를 팔에 꽂고 피를 걸러내신다. 혈관이 좁아서 확장 시술도 해가며 주 3회 투석을 하신다. 투석을 안 하는 날은 열정적으로 사신다. 켈리그라피도 배우고, 수영도 하고, 그림도 그리고, 아버지랑 가끔 바람도 쐬고, 근처 운동 센터에도 가신다. 누구나 그렇겠지만, 엄마에게 하루는 참 소중하다.

    엄마에게는 투석으로 보내는 날도 소중하고, 하고 싶은 일들을 하는 투석 없는 날도 소중하다. 매일이 선물 같은 날이라고 말씀하신다. 투석하는 날은 생명을 유지하고 내 몸에 대해 겸손해질 수 있어서 감사하고. 투석을 안 하는 날은 투석하는 날의 몫까지 잘 살아내고 싶은 마음에 열정과 의욕이 넘치신다. 그런 엄마를 보면서 나도 하루를 소중히 여기고 잘 살아야겠다는 생각이 든다. 뜨는 해를 보고 지저귀는 새소리를 들으며 축복받는 기분으로 선물 같은 하루를 또 살아내고 싶다.

잘될 것이라는 희망을 심어 주고
마음을 다정하게 다독여 주는 것,
오늘 하루가 나에게 주는 선물이에요.

떨어지고 또 떨어질 용기가 있다면,
언젠가 훨훨 날 수 있을 거야.

『날아올라 올빼미』

  1학년인 둘째 아이가 태권도 1품 심사를 준비하게 되었다. 평소 씩씩한 아이지만, 첫 시험 앞에서 부담감을 느끼는 것이 보였다. "오늘은 태권도에 가지 않을래." 그렇게 좋아하는 태권도를 하러 가지 않겠다고 말한 날도 있었다. 하지만 아이는 용기를 내었고 심사를 받으러 갔다.

  심사대에 오르기 전까지는 긴장한 기색이 없었지만, 심사가 시작되자 연습했던 동작을 잊어버리고 흔들렸다. 심사가 끝나고, 아이는 내 품에서 펑펑 울었다. "괜찮아, 다시 도전하면 돼. 너는 이미 용감하게 첫걸음을 뗐으니까." 마음이 아팠지만, 아이를 다독이며 위로했다. 첫 시도는 실패했지만, 아이는 포기하지 않고 다시 도전해 결국 1품을 따냈다. 실패에서 배웠고, 마침내 성공했다.

  부모로서 아이가 항상 성공하기만을 바라지 않는다. 대신 실패를 두려워하지 않고 계속 도전하는 용기를 가진 단단한 사람으로 자라기를 바란다. 도전을 통해 아이는 더 강해지고, 지혜로워지며 성장할 것이다.

떨어지고 또 떨어질 용기가 있다면,
언젠가 훨훨 날 수 있을 거야.

원하는 대로 살 수 있는 것은 자기 삶뿐이야.
그래서 자기 차에는 오직 자기 자신만 타고 있어.

『내 차를 운전하기 위해서는』

한 시간에 한 대만 오는 버스를 타고 직장생활을 시작했다. 사고 날까 걱정 많은 아버지 덕에 30살에 작은 차를 처음 갖게 되었다. 아버지가 사 온 하얀 차가 마당에 서 있는 것을 보고 얼마나 좋았는지 모른다. 처음 잠깐만 무서웠지 내 차가 못 갈 길은 없었다. 시장 가기 좋아하는 엄마도 태워다 주고, 내가 사는 곳 구석구석 친구들과 놀러 다니며 나의 공간은 거침없이 넓어졌다. 크고 작은 고장이 잦아지면서 첫 차를 보내고 지금의 차를 샀다. 경차는 안전하지 못하다며 고르고 골라서 처음 내 돈으로 내 의지로 산 차이다. 직장에서 중요한 일을 맡게 되면서 더 멀리 떠나는 출장길에도, 대한민국 곳곳으로 떠나는 여행길에도 차는 나를 자유롭게 했다.

운전을 하는 것은 내가 가고 싶은 길을 내 마음대로 나아가는 것 같았다. 누군가와 같이 타고 가며 즐거울 때도 있지만, 혼자 떠나고 또 돌아오는 나만의 시간도 좋았다. 어떤 때는 계획대로, 때론 자유롭게 내 삶도 넓고 깊게 운전해 나가고 싶다. 내가 원하는 길을 말이다.

원하는 대로 살 수 있는 것은 자기 삶뿐이야.
그래서 자기 차에는
오직 자기 자신만 타고 있어.

때로는 멈추고 기다려야 할 때도 있었어요.
『내가 섬이었을 때』

  살면서 겪는 어려움을 들자면 인간관계에서 오는 갈등을 빼놓을 수 없다. 사람 사는 세상은 단순하지 않다. 몇 해 전 친하다고 생각했던 지인에게 잊히지 않는 억울한 일을 당했다. 있지도 않은 얘기를 꾸며서 뒤에서 험담하고 모함한다는 소문이 귀에 들려왔다. 눈앞이 하얘지는 분노와 배신감이 일었다. 불신이 생겼고 의심이 자라났다. 한동안 사람을 믿지 못했다. 사람에게 다가가는 노력을 멈추고 혼자이고 싶었다. 멈추고 기다리며 냉정하게 상황을 보려 했고 스스로 상처를 보듬었다. 완벽하지 않은 사람이라는 존재를 이해하려는 시간이 필요했다. 관계를 멈추고 차분히 기다리는 동안 '그럴 수도 있으려니' 하는 생각에 다다랐다.

  누구나 외로운 섬처럼 부유하는 삶이다. 서로 부대끼며 상처받지만 다른 섬에 닿으며 사는 삶이다. 사람과 사람 사이는 때로는 멈추고 기다리는 시간이 필요하다는 것을 다시 경험했다. 정현종 시인의 '사람들 사이에 섬이 있다. 그 섬에 가고 싶다.'는 시를 떠올리며 사람의 섬으로 다시 다리를 놓아간다.

때로는 멈추고 기다려야 할 때도
있었어요.

새로운 걸 배우는 일은
언제나 우리에게 기대감을 안겨 줍니다.
『내가 아는 기쁨의 이름들』

작년에 그림책 필사 모임을 알게 되어 필사를 시작하게 되었다. 시작한 지 얼마 안 되었을 때 친정에서 필사를 하는데, 엄마가 "그게 뭐니?" 하며 관심을 보이셨다. "엄마도 한번 해 볼래요?" 요즘 유난히 우울하다며 힘들어하는 엄마에게 필사를 권했다. 그렇게 엄마의 필사는 시작되었다.

올해 80세가 넘으신 엄마는 그림책의 글과 그림을 정성껏 쓰고 그리며 새롭게 배운 필사에 푹 빠지셨다. "이제 다 늙어서……"라며 뭐든지 주저하시던 엄마에게 그림책 필사는 활력을 되찾아 주었다. 요사이 외롭고 답답하다며 쳐진 모습을 자주 보이시는 엄마에게 뭔가 소일거리를 찾아드리고 싶었다. 그런데 이렇게 필사가 선물처럼 찾아왔고 엄마는 매일 힐링의 시간을 만끽하시며 필사를 알게 해줘서 고맙다고 자주 말씀하신다.

엄마는 필사한 것을 가족 대화방에 올리시는데 실력이 날로 좋아져서 가족 모두 감탄한다. 우리 가족은 엄마의 새로운 배움을 응원하며 매일 어떤 필사를 보게 될지 기대하며 기다린다.

새로운 걸 배우는 일은
언제나 우리에게
기대감을 안겨 준답니다.

그곳에 멈춰 서서 깊게 숨을 들이마셨어.
오랜만에 온몸의 감각이 깨어나는 것 같았어.
『내일』

    걷기 말고는 운동을 꾸준히 하지 못했다. 체육관을 등록하고도 가지 않은 날이 더 많았다. 그러다 코로나19의 유행으로 실내에서 운동하는 것은 불가능해졌고, 밖에서 걷는 것도 눈치 보였다. 그때 우연히 인터넷으로 집에서 운동할 수 있다는 걸 알게 되었다. 처음에는 10분도 힘들었지만, 지금은 한 시간 이상을 인터넷 속 선생님들과 운동한다. 4년가량을 꾸준히 하다 보니 잘되지 않았던 동작도 잘할 수 있게 되었고 아령도 무거운 걸 들 수 있게 되었다.

    그리고 오늘 드디어 노력의 결과를 온몸으로 느낄 수 있었다. 등산을 가면 끝까지 가지 못하고 중간에서 되돌아오곤 했다. 그런데 처음으로 정상을 내 힘으로 올랐다. 그것도 가뿐히. 동네 뒷산을 가지고 요란을 떤다고 할 수도 있지만, 내게는 큰 도전이었다. 정상에 서서 눈을 감고 숨을 깊이 들이마셨다. 온몸 구석구석으로 '난 할 수 있어'라는 자신감이 퍼져나갔다. 귀찮고 힘들어도 포기하지 않은 어제의 내가 있어 오늘의 멋진 내가 있다. 내일의 나도 열심히 산 오늘의 내 덕에 더 멋있어질 것이다.

그곳에 멈춰 서서 깊게 숨을 들이마셨어.
오랜만에 온몸의 감각이
깨어나는 것 같았어.

때론 눈물로만 씻을 수 있는 것이 있습니다.
「눈물을 참았습니다」

  울고 싶은 이유는 수만 가지다. 하지만 나는 매번 눈물을 참는다. 특히, 다른 사람들 앞에서는 더욱 그렇다. 어릴 때는 지독한 울보였다. 그때 눈물을 다 소진했는지 나는 눈물이 말라버리기라도 한 것처럼 거의 울지 않는 사람이 되었다. 그리고 그것을 스스로 대견해했다.

  '괴로워도 슬퍼도 나는 안 울어'라는 만화영화의 주제가처럼, '울면 안 돼. 산타 할아버지가 선물을 안 주신대'라는 크리스마스 캐럴처럼 우리는 눈물을 참으라는 메시지를 받으며 살아간다.

  하지만 때론 눈물로만 씻을 수 있는 것이 있다. 산타할아버지 선물을 안 받으면 어때? 다 큰 어른이 체면 좀 깎이면 어때? 운다고 문제가 해결되지 않아도 어때? 웃고 싶을 때 웃는 것처럼 울고 싶을 때 울자. 어떠한 이유든 좋다. 눈물을 잘 보이지 않던 사람이 울면 걱정하거나 당황해할 수도 있다. 뭐 어때? 울고 싶은 감정을 그대로 받아들이고 눈물로 씻어보자. 그리고 울음을 참고 있는 이들에게 "참지 말고 울고 싶은 만큼 울어"라고 말해주자.

때론 눈물로만
씻을 수 있는 것이 있습니다.

넌 결국 길을 찾게 될 거야.
그리고 그 길 위에서 찬란하게 빛날 거야.

「눈부신 아이」

  20년 전부터 좋아한, 지금도 힘든 일이 있을 때마다 즐겨 듣는 노래가 있다. 너무 어두워 길이 보이지 않을 때 촛불 하나로 주변이 점점 밝아지고 어둠이 사라져간다는 내용의 노래다.

  어둠 속에서 빛은 하나의 희망과 같다. 처음 겪는 일이 어둠처럼 막막하게 느껴질 수도 있다. 아무것도 보이지 않는 캄캄한 어둠 속에서 어떻게 해야 할지 모를 때 어디선가 나타난 작은 별빛만으로도 용기를 얻는다.

  가로등조차 하나 없는 캄캄한 시골에서 별은 더 잘 보인다. 가만히 보다 보면 하나만 있을 것 같았던 별 옆에 보이지 않았던 별이 또 보이고, 발견한 별을 또 자세히 보다 보면 더 많은 별을 발견한다. 모래알을 뿌려 놓은 듯 수많은 별이 나와 함께 하고 있다. 이 별들은 내가 잘 보지 못했지만, 항상 내 주변에 있던 빛이었다.

  캄캄한 어둠 속에 있는 사람들에게 말해주고 싶다. 어둠이 끝이 아니라 더 많은 별을 보기 위한 일이라고, 결국 더 많은 빛을 찾고 더 빛나는 사람이 될 거라고, 빛나지 않을 사람은 없다고 말이다.

넌 결국 길을 찾게 될 거야.
그리고 그 길 위에서 찬란하게 빛날 거야.

정말이지, 아무리 생각해도 제대로 되는 게 하나도 없었어.
그래서… 다른 길로 가 보기로 했지.
「다른 길로 가」

  늦은 밤. 오늘 할 일을 마무리하고 새롭게 생겨난 일을 적는다. 이미 빼곡하게 적힌 일정이 꼬물꼬물 춤을 춘다. 갑자기 툭 생겨난 일을 어디쯤 배치해야 할까 고민한다.

  적어 놓은 일보다 더 시급한 일이고 시간도 많이 드는 일인데, 이렇게 갑자기 생겨 버리면 어쩌지? 급히 일정 조정을 해 본다. 이 거는 이리로, 저거는 저리로. 갑자기 생긴 일이 너무 많은 시간을 할애해야 하는 일이기에 머리가 아프다. 오늘은 밤새야 하나?

  자동차에는 내비게이션이 있어 돌발 상황이 발생하면 새로운 경로를 안내해주는데, 내 인생엔 내가 내비게이션이다. 오로지 내가 선택하고 처리해야 한다. 살아가면서 내가 계획하지 않은 수없이 많은 새로운 일이 생길 것이다. 모든 것을 할 수 없을 때는 우선순위를 정할 수밖에. 모두 하면 좋겠지만, 이대로 잡고 있다가는 어느 것 하나 마무리가 안 될 수도 있다. 순위를 정하고 슬며시 놓아 버리니 새로운 길이 생긴다. 아는 길이 새로운 길로 가는 이정표가 될 수도 있음을 알아차리곤 편안히 잠자리에 든다.

정말이지, 아무리 생각해도
제대로 되는 게 하나도 없었어.
그래서… 다른 길로 가 보기로 했지.

memo

겁내지 않고 똑바로 볼 거야.
나에게 오는 모든 일을

041

나팔꽃이 개미에게 물었습니다.
"개미야, 달까지 어떻게 왔니?"
개미가 말했습니다.
"최선을 다했어."

『달에 간 나팔꽃』

저 멀리 목표를 세우고 성공하지 못했을 때 나는 나의 무능함을 탓했다. 자존감이 바닥에 있을 때 "최선을 다해!"라는 말은 부족한 나의 노력을 탓하는 것 같았고 극심한 압박감으로 다가왔다. 하늘을 향해 피어 아득히 먼 달까지 가겠다는 나팔꽃이 무모해 보였다. 그리고 그 옆에서 부지런히 나팔꽃의 시선을 따라 달까지 가겠다고 꿈꾸는 개미도 신기루를 좇는 것처럼 터무니없어 보였다.

그러다 작은 성공을 이룬 어느 날, "최선을 다했어"라는 개미의 대답이 달리 느껴졌다. 간결했지만 흔들림 없는 담담함과 확신, 부족함을 탓하는 것이 아니라 있는 그대로 자신을 응원하고 지지하는 말에 진심이 느껴졌다.

비로소 도달할 수 없는 성공을 목표로 삼으며 자책했던 내 마음의 문제가 드러났다. 이제 더는 결과에 집착하지 않고 매일 내가 할 수 있는 것에 최선을 다하기로 했다. 너무 큰 목표도 정하지 않기로 했다. 진정한 목표 달성이 매 순간 조금씩 나아가는 과정에서 이룬 작은 노력과 성공에 존재한다는 것을 받아들이기로 했다.

나팔꽃이 개미에게 물었습니다.
"개미야, 달까지 어떻게 왔니?"
개미가 말했습니다.
"최선을 다했어."

> 못된 사람한테서
> 와다닥 도망쳐서
> 소중한 사람을, 소중한 무언가를
> 찾으러 가렴.
>
> 「도망치고, 찾고」

그해 여름엔 갑자기 다가온 불행에 정신이 없었다. 서울로 올라가는 열차 안에서 남편은 아이들에게는 알리지 말자고 했고 난 동의했다. 큰 수술을 다행히 마쳤지만, 한 번도 생각해보지 못했던 불행은 나를 꽉 잡고 두려움과 슬픔을 향해 자꾸만 끌어당겼다. 아직 마음을 추스르지 못하고 있을 때 남편이 아이들을 데려왔다. 입원한 엄마를 보러 왔던 초등학생, 중학생 두 아이는 엘리베이터 안에서 말이 없었다. 그런데 헤어지는 병원 문 앞에서 큰 애가 다가와 가만히 말했다.

"엄마, 나 엄마 왜 입원했는지 알아. 엘리베이터에 붙은 병원 안내 글 봤어." 놀라 바라보자, 한마디를 더 건넸다. "사랑하는 사람들은 힘든 일이 있으면 더욱 똘똘 뭉친대."

그렇구나. 바보 같으니. 내 마음이 어두운 쪽으로만 흘러갔구나. 같이 아파해주고 염려해주는 소중한 사람들이 내 곁에 있었지. 그 이후로 안 좋은 일이 생기면 얼른 더 좋은 쪽이 있을 거라고 생각했다. 그리고 그 마음은 언제나 나를 행복으로 이끌어주고 있다.

못된 사람한테서
와다닥 도망쳐서
소중한 사람을, 소중한 무언가를
찾으러 가렴.

043

겁내지 않고 똑바로 볼 거야.
나에게 오는 모든 일을.

『도시 비행』

그림을 그리고 만들거나 꾸미는 일을 잘해 손이 야무지단 소리를 많이 들었다. 그런데 요새는 자꾸 손이 삐끗거리고 뭘 잡고 오래 일을 하면 저리기 시작했다. 잠을 잘 자지 못한다고 투덜거리니 주변 사람들은 커피부터 끊으라고 한다. 하루에 몇 잔은 그냥 마시는 거지 잠과는 상관없다고 답했는데 슬그머니 디카페인 커피를 주문하고 있다. 음식이 잘못 넘어가 사레드는 일도 많아지고 조금이라도 질긴 음식을 먹으면 여지없이 이에 끼는 찌꺼기들이 불편해졌다. 머릿속에는 선명하게 얼굴도 추억도 다 떠오르는데 이름이나 단어가 떠오르지 않아 입에서만 빙빙 돌고 말이 안 나와 끙끙댄다. 내게 찾아오는 나이 들었음을 알려주는 신호가 참 싫다.

생각도 젊고, 후배들에게 밀릴 것이 없다 자부함에도 서서히 몸이 늙어지는 것은 어쩔 수 없구나 싶기도 하다. 그럼에도 인생 100세 시대라니 나에게 오는 이런 모든 변화를 겁내지 않고 똑바로 살펴야겠다는 생각을 매일 찬찬히 하고 있다. 바꿔 생각하면 지금이 남은 내 인생의 가장 젊은 순간이니 말이다.

겁내지 않고 똑바로 볼 거야.
나에게 오는 모든 일을.

044

한 사람이 마음을 열고 자기 것을 내놓자
다음 사람은 더 많이 내놓았어.

「돌멩이국」

   같은 학교 선생님이 독서 모임을 시작하신다는 말을 우연히 듣게 되었다. 그즈음 나도 독서 모임을 하고 싶었던지라 얼른 '저도 그 모임에 같이 해도 될까요?'라고 여쭤보았다. 바로 다른 모임원들의 동의를 얻어 독서 모임의 회원이 되었다. 그렇게 같은 학교지만, 처음 뵙는 3분의 선생님과 낯섦으로 독서 모임을 시작했다. 그게 벌써 9년 전의 일이다. 한 달에 한 번 모이지만 책 이야기, 아이들 이야기, 교육 이야기를 나누면서 금방 가까워졌다.

   어느 날 한 선생님이 여행을 다녀오시면서 작은 선물을 사 오셨다. 그걸 시작으로 선생님들은 어딜 다녀오시면 모임원들을 떠올리며 작은 선물을 가져오셨다. 책갈피, 북마크, 스카프, 엽서 등 작지만 마음이 담긴 선물들이 오고 갔다. 어떤 때는 금방 찐 옥수수를 가져오시기도 하시고, 코바늘로 직접 뜨신 파우치를 가져오시기도 하셨다. 이런 마음이 담긴 작은 나눔이 우리 모임을 더욱 돈독하게 만들어 주는 듯하다. 이젠 서로 더 많은 마음과 시간을 내어주며 삶에 소소한 행복과 만족감을 주는 사이가 되었다.

한 사람이 마음을 열고 자기 것을 내놓자
다음 사람은 더 많이 내놓았어.

마음의 준비가 되면,
마음 하나하나를 똑바로 바라보고,
꼭 안아 준 다음,
훌훌 날려 보냈어요.
『마음을 담은 병』

언니와 나는 어릴 적부터 단짝이었다. 스물한 살 언니가 가벼운 교통사고가 났고, 산행을 다녀온 후 감기를 앓다가 허망하게 두 달여 만에 하늘로 갔다. 짧은 시간 동안 일어나 버린 일이어서 현실이 아닌 것만 같았다. 슬픔을 내색하지 못하고 딸을 상실한 부모님을 위해 착한 딸이 되어야 했다. 주변 사람들은 내가 아픔을 잘 이겨낸다고 했지만, 자주 뭔가에 억눌리고 축 처진 기분이 들었다. 감정을 잘 표현하지 못했고 꼭꼭 마음의 문을 닫았다.

가족을 주제로 그림책동아리 사람들과 모임을 했다. 언니 이야기를 하며 눈시울을 적셨다. 실타래 풀듯 이야기하다 보면, 어느새 나 자신과 가족을 이해하게 되었다. 어린 나를 위로하고 참아왔던 감정을 하나하나 살펴보며 날려 보냈다.

살아 있기 때문에 여러 감정을 느낄 수 있다. 감정들을 나와 더불어 인생길을 가는 가장 친한 친구로 생각하면 좋을 것 같다. 마음이 맞는 친구와 동행하는 삶은 행복한 나로 살도록 이끌어주기 때문이다.

마음의 준비가 되면,
마음 하나하나를 똑바로 바라보고,
꼭 안아 준 다음,
훌훌 날려 보냈어요.

046

"애들아, 밥 먹어라!" 소담한 밥상에 담긴 마음.
그 마음 덕분에 아이들은 앞으로 맞이할
삶의 굽이굽이를 무사히 넘기겠지요.
『마음을 담은 상차림』

쌀을 곱게 씻고 밥을 짓는 것에서 시작하는 엄마의 밥상은, 정성스럽게 담근 계절 김치, 고소한 멸치볶음, 호박과 두부를 넣어 끓인 구수한 된장찌개가 전부인 소박한 밥상이다. 그런데 어느 맛집에서 먹는 밥보다 든든하다. 자식의 앞날에 거친 일이 없기를, 복된 일만 많기를, 티 없이 자라고 의젓하기를, 부디 건강하고 행복하기를 기도하며 당신의 온 마음과 정성을 담아 차리는 밥상이기 때문이다.

팔순이 넘으신 엄마, 지금도 가끔 엄마의 밥상을 받는다. 가난한 살림을 꾸리며 평생 자식을 위해 살아오신 엄마의 사랑이 담긴 상차림이 오늘의 나를 있게 했다. 10대 세상에 대한 반항, 20대 이유모를 혼란과 방황, 30대 삶에 대한 회의, 40대에 들어서 일의 재미를 찾고 몰두했으나 건강을 잃었다. 50대 건강에 대한 염려와 우울, 인생의 허무가 몰려왔다. 고통스럽고 고단했던 인생의 고비마다 엄마의 밥상을 기억하며 다시 일상의 삶을 꾸역꾸역 일으키곤 했다. 오늘도 나는 그 밥심으로 또 하루를 살아간다.

"얘들아, 밥 먹어라!"
소담한 밥상에 담긴 마음.
그 마음 덕분에 아이들은 앞으로 맞이할
삶의 굽이굽이를 무사히 넘기겠지요.

047

마음의 모양을 찾으려면 특별한 용기가 필요해.
『마음의 모양』

경력이 적을 때는 새로운 일을 배우는 일이 즐겁고, 배워야 할 분야가 많은 일이 신났다. 일을 하면서 생기는 실수들에 대해서도 선배, 동료들이 긍정적으로 봐주는 경우가 많았다. 경력이 15년이 넘어가면서부터는 내가 하는 일들을 후배들이 보고 있고, 동료들이 보고 있다는 사실이 부담으로 다가오기 시작했다. 내 가치관과 맞는 일이든 아니든 일단은 잘 해내야 한다는 생각이 내 행동을 제어한다. 타인의 평판을 신경 쓰고, 동료들이나 선후배들에게 모두 좋은 사람이고 싶은 욕심이 있기 때문이다.

직장에서 불합리한 일이 하나씩 생길 때면 여러 가지 생각이 떠오른다. '이 정도 연차면 나서서 이야기해야 하는 거 아니야?', '내가 나서서 이야기하면 다른 사람들이 불편해하지는 않을까?' 등 생각들을 하면서도 불편함을 뒤로하고 회의 시간에 한 마디씩을 던진다. 작은 움직임을 통해서 더 단단해지는 내 마음의 모양이 만들어지고, 많은 사람이 의견을 낼 수 있는 우리 문화의 모양이 자리를 잡는다.

마음의 모양을 찾으려면
특별한 용기가 필요해.

048

사람은 누구나 기분이 좋으면
좀 더 멋진 사람이 되고 싶잖아요.

『멋진 화요일』

주말에만 집에 오는 남편에게서 갑자기 연락이 왔다. 잘 준비를 끝내고 편안히 누워 TV를 보고 있었는데, 자신이 보낸 글을 좀 읽어보고 고쳐 달라고 했다. 시간은 밤 11시를 넘어서고 있었다. '지금 몇 시인데, 이제야 부탁하는 거야.' 짜증을 내려는 찰나 남편이 한마디 한다. "당신, 글솜씨 훌륭하잖아." 이런, 나는 스르르 기분이 좋아졌다. 옷을 챙겨입고 일어나 앉아 안경을 꺼내 썼다. 최대한 잘 다듬어줘야겠다고 다짐하면서. '그래, 나는 멋진 글을 아는 사람이니까.' 내려간 안경을 끌어 올리는데, 내 마음이 보였다. 나를 인정해주는 말 한마디에 이렇게도 기분이 좋아지다니. 가족이라는 거리낌 없는 사이에도 잘 보이려고 이렇게 노력하다니.

잘못한 것을 찾아 고쳐주는 것이 다른 사람을 위하는 것이라는 생각을 많이 했던 것 같다. 그래서 문제를 지적하는 데 익숙했던 내 모습도 보였다. 누구나 기쁘게 해주면 스스로 멋진 사람이 될 수 있다는 사실을 가끔 잊어버린다. 이젠 다그치기 전에 기쁨을 줄 수 있는 게 뭘까를 먼저 찾아봐야겠다.

사람은 누구나 기분이 좋으면
좀 더 멋진 사람이 되고 싶잖아요.

049

> 두려움이란 건 잘 알지 못해서 생기는 거야.
> 어두운 숲속 괴물같이 보이는 나무도
> 빛에 비춰 보면 그저 나뭇잎이
> 붙어 있을 뿐인 것처럼 말이야.
>
> 『모 이야기(Mo story)』

생전 처음 해외여행을 하게 되었다. 어린 시절 영화 '사운드 오브 뮤직'을 보며 꼭 가리라 생각했지만, 해외여행은 그저 꿈이었다. 성인이 되고 여행 갈 기회가 생겼다. 그런데 여행 계획을 세우면서 걱정이 자라났다. 잘 다녀올 수 있을까? 외국인 앞에서 식은땀을 흘리며 쩔쩔매고 있는 모습이 자꾸 상상되었다. 그냥 바쁜 일이 생겼다고 말하고 포기해 버릴까? 별별 고민을 다 하다가 어느새 시간이 흘러 끌려가는 마음으로 비행기에 올라탔다.

걱정은 현실이 되었다. 말이 통하지 않아서 손짓발짓도 하고, 시간을 잘못 봐서 기차를 놓치기도 했다. 그래도 막상 겪어보니 생각보다 무섭지 않고 재미있었다. 그렇게 보고 싶었던 잘츠부르크의 미라벨 정원에 도착했을 때는 입이 다물어지지 않을 정도로 벅차올랐다. 만약, 포기했다면 그렇게 멋진 추억을 갖지 못했을 것이다.

마치 어둠 속에서 괴물을 상상하듯, 희미한 미래의 나쁜 결과만을 떠올리며 두려워하다가 소중한 현재를 놓칠 뻔했다. 결국, 그 모든 걱정은 쓸데없는 것이었다.

두려움이란 건 잘 알지 못해서 생기는 거야.
어두운 숲속 괴물같이 보이는 나무도
빛에 비춰 보면 그저 나뭇잎이
붙어 있을 뿐인 것처럼 말이야.

낯설어도 다가가서
어울려 보는 거야.

『문어의 여행』

낯선 언어의 국가를 방문한 적이 있다. '안녕하세요' '고맙습니다' 정도의 인사말은 알지만, 일상 대화를 하기에는 외계어를 다루는 느낌이랄까. 그런 신선하고 오묘한 기분으로 공원을 걷는데 어디선가 달달한 향긋함이 풍겨 왔고, 끌리듯 푸드트럭 앞으로 갔다.

카메라 번역기의 편리함을 뒤로 하고, '첫 주문은 기본으로. 메뉴판의 첫 줄이 기본이다'라는 생각으로 첫 번째 메뉴를 선택했다. 나와 크레페 요리사 모두에게 익숙할 영어로 주문하고 일행과 대화하는 것도 잠시, 부드럽고 달콤한 크레페가 눈앞에 나타났다. 공손히 양손을 뻗으며 '감사합니다, 땡큐'라고 말하려던 순간, 익숙하지 않은 인사를 시도하고 싶어졌다. "merci beaucoup"

되돌아온 것은 환한 미소와 맛 좋은 크레페였다. 물론 웃는 얼굴과 손짓발짓만으로도 어디에서든 마음과 의미는 통하지만, 상대를 알고 다가가 보려는 시도는, 서로 더 가까워지고 웃음 짓게 해준다. 낯설어도 다가가서 알아보고 어울려 보는 것, 오늘도 누군가의 도움과 배려로 살아가는 나에게 필요한 마음가짐이 아닐까.

낯설어도 다가가서
어울려 보는 거야.

행복은
언제나 우리 곁에 있다는 것을요.
—

『땅이 아이에게』

낯선 곳에서 한달살이하는 것을 좋아한다. 큰아이 11개월 때는 하와이에, 막내 아이 11개월 때는 발리에 한 달을 머물렀다.

첫째와 함께 한 하와이 한 달에서는 아름다운 바다, 폭포, 화산 등 자연이 주는 풍요로움과 아름다움을 만끽했다.

막내와 함께한 발리 한 달에서는 수하물 지연, 뜨거운 태양과 지진, 쏟아지는 비로 인해 없어진 길, 급작스러운 아이들의 장염과 인후염으로 인한 컨디션 난조 등 여러 어려움을 겪었다.

힘든 한 달간의 여정이었지만 지연되었던 수하물을 찾음에 행복했고, 현지 병원 의료진의 도움으로 아이들의 컨디션이 속히 회복되어 행복했다. 지진과 비, 뜨거운 태양 아래서도 천천히 느긋하게 그 상황을 잘 감당할 수 있는 마음의 여유를 가질 수 있음에 행복했다. 그리고 모든 일정을 다 마치고 집에 무사히 돌아올 수 있음에 행복했다.

다시 집에 돌아오고 일상을 보내니 일상 자체가 행복임을 더욱 강렬하게 깨닫게 됐다. 특별한 경험을 찾아 떠난 여행을 통해 일상의 감사와 행복을 알게 되었다.

만날 수 없어도 늘 곁에 있어요.
언제나 별이 그 자리에 있는 것처럼.

『밤을 달리는 고양이』

초등학교 1학년 때, 내가 글씨 잘 쓴다는 것을 질투해서 괴롭히는 친구가 있었다. 할머니가 그 사실을 알게 되셨다. "앞장서라." 학교까지 가려면 가파른 경사가 있는 고개를 두 개나 오르내려야 했는데 그 길을 함께 가서는 그 상황을 한 번에 정리하셨다.

고집 있으시고 깔끔한 성격에, 하고 싶은 말씀은 하셔야 했던 할머니. 할머니는 10년 전에 돌아가셨다. 사실, 당시에는 별로 실감이 나지 않았다. 그런데 2~3년이 지난 어느 날, 할머니가 계셨던 요양원을 지나는데 문득 할머니가 너무 보고 싶었고 안 계신다는 것이 실감 나기 시작했다.

고향을 떠나 서울로 온 후, 할머니 꿈을 몇 차례 꿨다. 이사한 지 얼마 되지 않았을 때 할머니가 꿈에 나와 용돈을 주셨고 또 한 번은 어릴 적 할머니가 함께 살던 집 옥상에서 하늘을 바라보시다 나를 향해 돌아보시며 미소를 지으셨다. 이제 만날 수는 없지만, 내가 할머니를 잊지 않으면 어릴 적 그때처럼, 내 곁에서 나를 무한히 사랑하고 응원하고 계시리라 생각하며 오늘도 힘을 내 본다.

만날 수 없어도 늘 곁에 있어요.
언제나 별이 그 자리에 있는 것처럼.

배운다는 것은 자라난다는 것과 같아.
자라서 진짜 어른이 되는 것과 같아.

「배운다는 건 뭘까?」

    물때가 낀 세면대를 닦다가 문득, '자란다는 것'을 떠올렸다. 자그마한 대야에서 한 손에 들고 씻기던 아기는, 세면대에 혼자 허리를 세우고 앉아 물을 만져보기 시작했다. 그러다 널찍한 욕조에 몸을 담그고 엎드려 첨벙거리디, 이제는 솟아오르는 분수 물줄기 사이를 자유로이 뛰어다닌다. 하루가 다르게 커가는 아이를 지켜보는 요즘, "우와 어른이네. 다 컸다!"라는 말이 자연스레 나온다.

    말 하나 행동 하나, 마주하는 세상의 모든 것을 배우며 빠르게 자라는 모습을 보며, 하나하나 인식하지 못할 뿐이지 꼭 의자에 앉아 연필을 잡고 하는 공부만이 배움은 아니라 생각했다. 나와 다른 이나 새로운 세상을 만나며 받는 자극, 관심을 가지고 곰곰이 궁리하는 과정 등 주변은 여러 배움으로 꽉 차 있다. 보고 듣고 궁금한 것을 묻는 소소함에서 시작하는 배움은 범위와 정도에 한계가 없고, 뭐든 그 자체로 멋지다. '다 자란 사람'을 뜻하는 어른이 배움의 완성을 의미하지는 않는다. 배움과 자람에 과연 끝이 있을까? 이런 생각을 할 때면 괜스레 겸손해진다.

배운다는 것은 자라난다는 것과 같아.
자라서 진짜 어른이 되는 것과 같아.

행복한 이야기를 듣는 것도 좋지만
누군가를 행복하게 해 주고 싶었거든요.

『벚꽃이 살랑』

   어릴 때부터 엄마가 끓여주는 된장찌개를 가장 좋아했다. 특히나 그 구수한 냄새가 온 집안에 퍼질 때면, 마음까지 따뜻해지는 듯했다. 대학에 입학한 후 자취를 하면서 혼자 밥을 먹을 때면, 늘 엄마의 된장찌개가 그리웠다. 오늘따라 엄마와 함께 먹던 된장찌개의 따뜻한 맛과 향기가 더 간절하게 떠올랐다.

   학교를 마치고 자취집에 도착하자마자 엄마의 레시피를 떠올리며 된장찌개를 끓이기 시작했다. 고소한 된장에 신선한 두부, 감자, 호박, 파 그리고 살짝 매콤한 고춧가루까지, 손끝으로 정성을 담아 하나하나 준비하면서 엄마의 따스한 손길이 떠올랐다.

   된장찌개가 끓기 시작하자, 집안에는 엄마의 손맛이 퍼져나갔다. 설레는 마음으로 찌개를 떠서 맛을 봤다. 아직 엄마만큼은 아니지만, 그 맛 속에 엄마의 따뜻한 마음이 느껴졌다. 근처에 사는 친구를 불러 찌개를 함께 먹으며, 오랜만에 깊은 이야기를 나눴다.

   누군가를 행복하게 해주는 것은 그리 어렵지 않다.

행복한 이야기를 듣는 것도 좋지만
누군가를 행복하게 해 주고 싶었거든요.

난 엄마한테 아주 특별한 아이였고,
엄마도 언제까지나 나한테 특별한 사람이니까요.
「보고싶은 엄마」

'엄마'라는 말에는 애틋하고 따뜻함을 느끼게 하는 힘이 있다. 마냥 의지하고 싶어지는 말, 언제나 내 편이 되어줄 것 같은 든든함이 생기는 말이다. '엄마'라는 이름에 감사함을 느낀다.

시간이 흘러 어느덧 어른이 된 내게 엄마라는 이름을 가져다준 아이가 생겼다. 엄마란 어떤 의미일까를 다시 생각해보게 했다. 엄마의 보살핌으로 지금의 내가 될 수 있었음을 알게 되니 감사한 마음이 가득하다. 지금도 엄마가 내 옆에 계셔서 다행이라는 생각과 고마움이 들었다. 나도 내 아이 옆에 오래오래 있어 주고 싶다.

하지만 시간이 흘러 언젠가는 나의 엄마가 내 곁에 없는 날이 올 것이다. 또 내 아이 곁에 엄마라는 자리가 없는 날도 올 것이다. 엄마가 내 옆에 없다는 것을 받아들이기도, 인정하기도 힘든 시간이 있을 것이다. 그래도 마냥 슬퍼하지 않으면 좋겠다. 함께한 추억을 떠올리면 엄마와 나, 나와 아이를 단단하게 이어주고 있는 인연이 보일 것이다. 그리고 우리의 특별한 인연은 서로의 마음속에 영원히 자리하고 있을 것이다. 언제까지나!

난 엄마한테 아주 특별한 아이였고,
엄마도 언제까지나
나한테 특별한 사람이니까요.

담벼락에 노란 웃음소리가 가득 매달렸네.
너의 시작이 설렜으면 좋겠어.

『봄 여름 가을 겨울』

    둘째를 낳고 2년간 육아 휴직을 했다. 휴직을 끝내고 복직하는 해에 첫째도 초등학교에 입학했다. 육아 휴직으로 인한 공백으로 신입이 된 것 같고 모든 것이 낯설고 긴장이 되었다. 거기에 첫째의 초등학교 입학으로 더 정신없이 3월을 보내고 있었다.

    그러던 3월 하순 어느 날, 봄바람에 살랑살랑 흔들리고 있는 노란 개나리꽃이 차창 밖으로 보였다. 계절의 시작을 알리며 앞날에 대한 기대와 설렘을 안고 봄바람에 수줍게 흔들리는 듯했다. 마치 초등학교 입학이라는 인생의 큰 전환기를 맞아 설렘 속에서 잘 적응해가는 첫째의 모습 같았다. '설렘'을 갖는다는 것은 행복한 것이다. 잘하고 싶은 마음과 좋은 일들이 펼쳐질 것을 기대하는 마음으로 인해 기분 좋은 작은 떨림이 있기 때문이다. 그 후 매년 개나리를 보면 설렘을 안고 시작하는 한 해에 행복하고 감사했다.

    여러 해가 흘러 중학교에 입학하는 둘째가 긴장되고 떨린다고 말했다. 2학년 첫날, 3학년 첫날에도 여전히 떨린다고 했다. 설렘으로 시작하는 둘째의 한 해 한 해가 웃음으로 가득하면 좋겠다.

담벼락에 노란 웃음소리가 가득 매달렸네.
너의 시작이 설렜으면 좋겠어.

너와 많은 이야기를 나누다 보면
어쩌면 우린 좋은 친구가 될 수 있을지도 몰라.

『불안』

    나는 밝은 에너지를 발산하고 외향적이지만, 내면에는 '불안'을 품고 살아왔다. 일이 생각한 대로 풀리지 않으면 어쩌지? 사랑하는 사람에게 좋지 않은 일이 생기면 어쩌지? 이런 생각들이 불쑥불쑥 떠올라 마음을 어지럽히곤 했다. 어느 날은 불안이 나를 꽉 잡고 놓아주지 않는 것처럼 느껴지기도 했다. 그래서 이 '불안'의 실체가 무엇인지 알아보기로 했다.

    내가 느꼈던 불안은 생각보다 무시무시한 것은 아니었다. 그저 스쳐 지나갈 수 있는 불안을 눈덩이처럼 키우며 스스로를 겁먹게 했던 것이다. 이 사실을 깨닫고 나니 불안이 '작은 걱정', '긴장감' 정도로 느껴졌다. 오히려 어떤 일을 해내는 데 도움이 되기도 했다. 그렇게 불안과 마주하면서 내 마음과 감정을 차분히 들여다보았다. 사랑, 기쁨, 행복과 함께 불안 역시 소중한 감정이라는 것을 깨달았다. 이제는 불안과 대화를 나누며, 더 성장하고 건강하고 단단한 내면을 만들어가고 있다. 불안은 더 이상 나를 억누르는 것이 아니라, 나를 더 깊이 이해하고 더 강하게 만드는 도구가 되었다.

너와 많은 이야기를 나누다 보면
어쩌면 우린
좋은 친구가 될 수 있을지도 몰라.

057

너와 속도를 맞추는 법.
너를 닮아가는 법.
나와 다른 너를 받아들이는 법.
「사랑은, 달아」

며칠 전, 뉴스를 보며 이야기하는데 남편과 내 생각이 똑같아서 놀랐다. 그러고 보니 어느 때부터 우리가 다투는 일이 거의 없어졌다. 내년이면 결혼 30주년, 부모님과 함께한 시간보다 남편과 함께한 시간이 더 길어졌다. 처음에는 서로의 규칙을 강요하고, 잘잘못을 따지느라 많이 싸웠다. 남편은 밖에 있으면 연락해도 전화를 잘 받지 않았고, 그 때문에 언짢은 말이 오고 갔다. 또 내가 학생들을 가르치듯이 자신을 가르치려 한다고 화를 냈다.

유치원에 다니던 둘째가 엄마, 아빠가 싸우지 않게 해달라고 기도할 정도로 서로 주장을 내세웠던 우리가, 생각도, 취향도 비슷해지다니 신기할 따름이다. 아마 어느 순간부터 남편도 나도 서로 속도를 맞추고, 서로 닮아가고, 다른 면도 있는 그대로 받아들이게 되어서 그렇지 않을까. 지금은 서로에게 가장 소중한 인생의 '반려자'가 되었고 남편이 없는 삶은 상상만 해도 가슴이 아프다. 늘 내 곁에 있어 주고, 나를 더 나은 사람이 되게 해주는 남편이 좋다. 오래도록 그와 함께하고 싶다.

너와 속도를 맞추는 법.
너를 닮아가는 법.
나와 다른 너를 받아들이는 법.

058

삶은 함께하는 거야.
모든 삶은 이어져 있거든.
『살아간다는 건 말이야』

쾅쾅쾅! "저희 지금 계단 물청소해요! 안에 계시면 청소 같이해요!" 일요일 아침 누군가 우리 집 현관문을 두드렸다. 작은 빌라의 맨 아래층에 살던 나는 이사 온 지 몇 달이 지났지만, 이웃에 누가 사는지 몰랐고 관심도 없었다. 얼마 전 빌라 공동 출입문에 붙은 계단 물청소 안내문을 봤지만, 그냥 모른척하려고 했는데…. "아, 네. 나갑니다." 귀찮고 불편한 마음을 숨기고 얼른 빗자루를 챙겨 나갔다. 겨우내 쌓인 먼지는 물줄기와 비질로 시원하게 씻겼고, 처음 마주한 이웃들과의 어색함도 사라졌다.

이후 몇몇 이웃과는 맛있는 것을 나누고 함께 여행을 가고 급한 일에 늦게까지 아이를 맡길 수 있는 막역한 사이가 되었다. 힘들 때 계단 몇 걸음만 오르면 속마음을 터놓을 수 있는 친구 같은 이웃이 생겼다. 각각이었던 삶이 따뜻한 웃음과 친절로 더 가깝게 이어진 것이다. 그 따뜻하며 든든하기까지 했던 연결고리 덕분에 삶은 모두가 이어지고 있음을 비로소 깨달았다. 함께 할 누군가가 가까이 있다는 사실이 참으로 행복하다.

삶은 함께하는 거야.
모든 삶은 이어져 있거든.

059

삶은 국수,
어느새 후루룩 지나가 버리고,

「삶은 달걀과 감자와 호박」

어렸을 때 우리 집은 사람이 북적거리는 시장통에서 작은 슈퍼마켓을 했다. 누구보다 일찍 가게 문을 열고 가장 늦게 문을 닫았다. 나와 동생은 늦은 밤까지 가게에서 놀았는데, 가끔 출출한 아빠를 위해 엄마는 국수를 삶아주셨다. 엄마의 국수는 보슬하게 풀린 달걀과 양파로 맛을 낸 물국수였다. 나와 동생은 저녁을 먹었음에도 아빠 옆에 앉아 국수를 나눠 먹는 맛이 쏠쏠했다. 엄마가 피곤한 날에는 아빠표 삶은 국수를 먹었다. 아빠의 국수는 설탕과 고추장으로 비벼지기도 하고 어떤 날은 저녁에 먹다 남은 된장 국물을 붓기도 했다. 가끔은 물김치와 먹기도 했다. 몇 번 씹지 않아도 후루룩 삼켜지는 삶은 국수에 아빠와 우리는 행복했다.

어른이 된 지금도 동생과 나는 국수를 좋아한다. 이젠 다 큰 조카들까지 데리고 종종 우리 집에 와 국수를 해 먹는다. 달걀을 푼 육수에 설탕과 고추장을 적당히 넣은 김치 고명을 올려 먹으며 이제는 우리 곁에 없는 아빠와 엄마 이야기를 하면서 말이다. 삶은 붙잡을 수도 없이 후루룩 지났지만, 추억으로 깊어진다.

삶은 국수.
어느새 후루룩 지나가 버리고,

마음만 먹으면 언제든지 우리는
예쁜 꽃을 피울 수 있어.

『상냥한 거리』

　할머니는 시골에서 평생을 농사짓고 살아오셨다. 어려서부터 글을 배울 기회가 없었던 할머니는 문맹으로 살아오셨지만, 큰 불편함이라고 생각한 적은 없었다. 초등학교에 입학한 내가 방학 숙제로 할머니에게 편지를 써 보내기 전까지는 말이다.

　편지를 받아 든 할머니는 "내가 글을 몰라서, 우리 손주가 쓴 글을 읽지 못하네…." 하시며 다음 날부터, 마을 회관에서 열리는 한글 교실에서 천천히 한글 자음과 모음을 익히기 시작했다. 손끝이 굳어서 글씨가 엉성했지만, 할머니는 글자를 한 획씩 써 내려갔다.

　몇 달 후 할머니는 삐뚤빼뚤한 글씨로 '할머니가 많이 사랑한다'는 말을 적어 내게 편지를 보냈다. 할머니의 편지를 보고 답장을 보냈다. 이제는 서로 마음을 나누는 것이 더 깊어졌다는 생각에 할머니는 환하게 웃었다. 할머니의 한글 배움은 비록 늦게 시작되었지만, 그 마음속에 피어난 예쁜 꽃은 누구보다도 향기롭고 아름다웠다. 할머니는 그렇게 나와 함께, 서로의 마음에 작은 꽃들을 피워나가며 행복을 나누었다.

마음만 먹으면 언제든지 우리는
예쁜 꽃을 피울 수 있어.

스쳐간 모든 풍경들이
우리들 마음속에
그림이 되어 쌓여가고 있어.

그냥 조금만이라도. 혹시 알아? 행운을 만날지?
「샘과 데이브가 땅을 팠어요」

아침 햇살이 방을 두드린다. 이불을 뒤집어쓰며 암막 커튼을 꼭 달아야지 생각하는 사이 알람이 울린다. 벌떡 일어나 기지개를 활짝 켜고 싶은 것은 마음뿐, 무거운 몸을 일으켜 출근 준비를 한다. 직장 생활을 한 지 20년이 넘었으니 매일 반복되는 일이 익숙해질 만도 한데 생각지도 못한 일이 생기거나, 예상치 못한 방향으로 일이 흘러가 지치기도 한다. 하지만 그 덕분에 꿀맛 같은 휴식을 알게 되었으며 동료와 함께 일하는 즐거움도 느낄 수 있었다. 무엇보다 내가 잘하는 일과 좋아하는 것을 알게 되었다.

한때는 나에게 대단하고 멋진 일이 일어나기를 바라고 더 나은 내가 되기를 바랐다. 이제는 진짜 멋진 일이 무엇인지, 내가 어떤 사람이고 무엇을 할 때 행복한지 알겠다. 하루하루 그냥 살고 있다고 생각했는데, 돌아보니 모두 나를 알게 해준 시간이었다. 이 시간이 바로 나에게 찾아온 행운이 아닐까 생각한다. 아침잠을 물리치는 것은 여전히 어렵지만, 일상에서 소중한 것을 발견하고 기쁨과 행복을 누릴 수 있는 지금이 참 좋다.

그냥 조금만이라도.
혹시 알아? 행운을 만날지?

선생님을 만나고서 느꼈어요.
누군가 나를 보며 기뻐하는 게
얼마나 설레는 일인지를요.
『선생님을 만나서』

어린 시절 부모님의 맞벌이로 조부모님 손에 양육됐다. 할머니, 할아버지가 최선을 다해 뒷바라지해 주셨지만, 부모님의 부재 때문인지 나는 늘 공허함을 느꼈다. 경미한 우울감, 삶에 대한 지루함이 늘 어린 나와 함께했다.

학교는 내가 에너지를 충전할 수 있는 곳이었다. 선생님을 만나고 친구들과 함께하면서 소통의 욕구, 소속감에 대한 갈망이 어느 정도 해소됐다. 특히 5학년 때 담임선생님을 통해 처음으로 '인생은 참 설레는 것이구나, 사는 건 참 재미있다'라는 걸 느꼈다. 그분은 나에게 지금껏 살면서 경험해보지 못한 많은 즐거움을 알게 해 주셨다. 선생님은 제자들과 많은 시간을 함께하는 분이었다. 선생님과 만나는 새로운 세상에서 내 내면의 결핍도 치유되고 있었다.

30년이 지난 지금, 나는 여전히 선생님을 찾아뵌다. 선생님을 위해 나는 조금 더 좋은 사람이 되려고 노력한다. 발전하고 성장하는 모습을 보여드리기 위해 애쓴다. 나를 보며 설레고 기뻐하는 선생님을 생각하며 굳건히 살아간다.

선생님을 만나고서 느꼈어요.
누군가 나를 보며 기뻐하는 게
얼마나 설레는 일인지를요.

우리는 매일 아름다움을 더하거나 빼.
우리가 하는 모든 말과 행동으로 말이야.

「세상이 너를 기다리고 있어」

나는 매일 버스를 타고 출근한다. 출근길에서 만나는 사람들의 모습은 비슷하다. 그날도 사람들은 서로 무관심 한 채 자신만의 세계에 빠져 있었다. 각자 어떤 이야기를 품고 있을지 간혹 궁금하기도 했지만, 나 역시 그들과 똑같이 시선을 핸드폰으로 옮겼다.

어디쯤 왔을까. 얼굴을 들었을 때 눈이 마주친 한 노신사가 내게 웃으며 인사를 했다. 그의 웃음은 따뜻했고, 나도 모르게 같이 미소를 지었다. 70대 중반쯤으로 보이던 노신사는 나와 같은 정거장에서 내리곤 했다. 그는 항상 주변 사람들에게 웃으며 인사를 했다. 그의 미소와 인사가 출근길에 큰 힘이 되었다.

그날부터 나도 버스에서 다른 사람들에게 웃으며 인사를 했다. 내 작은 용기가 세상을 조금 더 아름답게 만들었을 거라 믿었다. 우리가 하는 모든 말과 행동은 세상에 영향을 미친다. 나로부터 시작된 미소와 상냥함이 내 주변의 사람들이 하루에 한 번씩 미소 짓게 되는 기적을 일으킬지도 모른다. 작은 노력으로 세상을 조금씩 더 아름답게 만들고 싶다.

우리는 매일 아름다움을
더하거나 빼.
우리가 하는
모든 말과 행동으로 말이야.

네 소원은 밤하늘의 별처럼
언제나 빛나고 있을 거야.

『소원 배달부 초초』

곧 생일이 다가온다. 나이에 있어서는 점점 셈이 흐려지지만, 생일은 여전히 설렌다. 사람들을 모아 파티를 하거나 그럴듯한 계획이 있는 것도 아닌데 자체로 기대가 된다. 오랜만에 안부를 묻는 지인들을 살피기도 하고 그 하루는 특히 부모님께, 삶에 감사하는 마음도 생긴다.

매년 생일에는 케이크에 오른 촛불을 끄고 소원을 빈다. 초가 하나씩 늘어날수록 폐활량에 경험치를 더했고, 큰 초가 하나씩 늘어나면 끄기에는 쉬워지지만 그만큼 책임감과 무거운 마음이 들기도 했다. 그 순간만은 아이의 마음으로 돌아가 호흡을 가다듬으며 진심을 담아 살짝 눈도 감아본다. 내가 바라던 것들을 떠올려 보면서.

작년에는 고민하다가 '걱정이 술술 풀려서 연말에는 마음 편하게 보내면 좋겠다' 하고 빌었다. 초를 한 번에 껐으니 소원도 이루어지고 결국은 잘 풀릴 거야 하는 긍정의 기운도 불어넣었다. 한 해를 보내는 동안 힘이 들 때는 그 염원이 깜깜한 밤하늘의 별을 보는 것처럼 반짝여 희망을 주기도 했다. 올해에는 어떤 마음을 담아 볼까.

네 소원은 밤하늘의 별처럼
언제나 빛나고 있을 거야.

> 스쳐간 모든 풍경들이
> 우리들 마음속에 그림이 되어 쌓여가고 있어.

「스쳐간 풍경들은 마음속 그림으로」

　세상에는 멋진 그림이 가득하다. 화가가 그린 그림뿐 아니라 여행에서 만난 멋진 경치부터 무심코 올려다본 하늘의 구름, 길가에 핀 이름 모를 꽃과 풀, 사랑하는 가족이나 친구와 함께한 시간까지. 그렇게 매일 우리 곁을 스쳐간 모든 풍경은 우리 마음속에 그림이 되어 쌓여가고 있다.

　어떤 이는 기억에서 사라지는 게 아쉬워 그림을 그리기도 하고 글을 쓰기도 한다. 어떤 이는 한 편의 노래 또는 한 편의 영화로 남기기도 한다. 하지만 나는 차를 마시며 스쳐간 시간 속에 잠시 머문다. 무언가를 남기기보다는 시간 속에 잠시 머무는 손님이 된다. 그리고 회상한다. 매일 아침 마주했던 차 한 잔, 엄마에게 선물로 드린 찻잔, 여행 중에 잠시 들린 찻집, 함께 마셨던 사람들…. 이것들은 앞으로도 계속 간직하고 싶은 내 마음속 그림이다.

　스쳐 지나간 풍경들을 꼭 무언가로 남기지 않아도 좋다. 따뜻한 차 한 잔을 마시며 지나간 시간을 그리워해도 좋다. 스쳐간 풍경은 마음속 그림으로 남을 테니….

스쳐간 모든 풍경들이
우리들 마음속에 그림이 되어
쌓여가고 있어.

슬플 땐 슬퍼할 거야.
그렇게 슬픔의 자리가 생겨나지.
그곳에 남겨 둘 거야
나의 슬픔을.

『슬픔에 빠진 나를 위해 똑! 똑! 똑!』

갑자기 가족을 잃은 사람은 안다. 살아남은 자의 죄책감과 먼저 간 이의 삶의 무게를 평생 지고 가야 한다는 것을…. 늘 함께 뛰어놀고 웃던 동생들을 한참 감수성이 예민한 십 대에 사고로 잃었다. 세상에 대한 기대와 환희를 경험하기도 전에 생명의 덧없음, 삶의 허무를 먼저 알아버렸다. 그렇게 죽음을 묵상하며 깊은 슬픔에서 허우적대던 어느 날, 내가 세상에 태어나 살아가야 할 이유가 있을 것이고, 그 이유와 삶의 의미를 찾기 위해 치열하게 한번 살아보기로 결심했다. 슬픔의 자리는 그대로 남겨둔 채로….

시간이 흐르며 깨달았다. 슬픔의 자리는 단지 고통만을 의미하지 않는다는 것을. 나는 그곳에서 동생들과 함께했던 순간들을 떠올린다. 동생들과의 추억은 내가 쓰러질 때마다 살아가는 동력이 되었다. 삶의 의미와 깊이를 더해주었다. 그 슬픔으로 나는 더 성장할 수 있었고, 다른 이들의 슬픔에 공감할 수 있었다. 슬픔은 내게 아픔을 주었지만, 동시에 나를 강하게 만들었다. 나를 다시 일어서게 했고 앞으로 나아갈 힘과 용기를 주었다.

슬플 땐 슬퍼할 거야.
그렇게 슬픔의 자리가 생겨나지.
그곳에 남겨 둘 거야
나의 슬픔을.

행복이란 콩닥콩닥 뛰는 심장 소리를 듣는
여유를 갖는 것이야.

「시계를 볼 줄 모르는 곰」

고등학교 시절 즐겨듣던 라디오 프로그램이 있었다. DJ는 매일 '행복하세요'라고 끝인사를 했는데, 그 말을 들을 때마다 행복이 나에게 찾아올 것 같았다. 나는 행복해지고 싶었다. 어느 노래 가사처럼 '행복해져라' 주문을 외워 그렇게 된다면 좋을 텐데 행복을 갈구할 사이도 없이 일상은 빠르게 흘러갔다.

이런 나에게 어느 날 들려온 '소확행'이라는 말은 참 반가웠다. '작지만 확실한'이란 말은 행복을 누릴 수 있겠다는 자신감을 주었다. 아침에 일어났을 때 창밖에서 들리는 새소리, 퇴근길 카페에서 커피 한 잔, 마음에 쏙 드는 책 속 한 문장, 주말에 즐기는 낮잠. 이 순간마다 '행복이란 이런 것이야!'라고 감탄하기도 하고 조용히 읊조리듯 말하기도 했다.

행복은 마냥 기다리면 오는 것이 아니었다. 잠깐 멈추고 나를 들여다보고 주변을 둘러보는 여유를 가져야 찾아왔다. 그리고 행복은 작고 소중해서 매일 보고 싶고 때로는 함께하는 누군가를 만날 수 있다는 것도 알았다. 행복과 함께 찾아오는 설렘은 덤이었다.

행복이란 콩닥콩닥 뛰는 심장 소리를 듣는
여유를 갖는 것이야.

내 사랑하는 아이야.
마음껏 실패해보렴.
차곡차곡 실패가 쌓여 너에게 값진 미래가 펼쳐질 거야.
『실패축하파티』

　부끄러운 고백이지만, 나는 자전거를 타지 못한다. 어릴 적 아빠는 일 때문에 가족과 떨어져서 지내셨고, 혼자 두 딸을 돌봐야 했던 엄마는 자전거 타는 법까지 가르쳐줄 겨를이 없으셨다. 한번은 부러운 마음에 친구의 자전거를 얻어 타게 되었다. 겁이 많았던 나는 뒤에서 누가 잡아주지 않는 상태로 자전거에 올라 비틀거리다 크게 넘어지고 말았다. 아마도 내 인생에서 가장 속상했던 실패로 기억한다. 좌절한 나는 다시 배워 볼 용기를 내지 못했고, 계속 도전하면서 노력으로 극복하는 경험을 하지 못했다.

　엄마가 되어 젓가락질, 이름 쓰기, 줄넘기 등 아이의 성장 과정에서 많은 도전을 지켜보았다. 마음처럼 되지 않을 때마다 속상해하는 아이를 보며 어릴 적 나를 떠올리곤 했다. 사랑하는 딸은 나와는 달리 실패를 두려워하지 않으면 좋겠다. 처음부터 잘하는 사람은 많지 않으니 실패할 때마다 툭툭 털고 일어나 다시 도전해보라고, 결국엔 잘 해낼 거라고 응원해주고 싶다. 실패를 견뎌내고 단단해지는 마음만큼 성장해나갈 아이의 앞길을 축복해주고 싶다.

내 사랑하는 아이야.
마음껏 실패해보렴.
차곡차곡 실패가 쌓여 너에게
값진 미래가 펼쳐질 거야.

> 아무에게는 아무것도 없었어요.
> 아무 곳에도 살지 않았고,
> 아무도 아무에게 관심이 없었어요.
> 『아무씨와 무엇씨』

"무슨 일 있었어?" "아무 일도 없어."
"에이, 무슨 일이 있는 얼굴인데?" "아무것도 아니라니까!"
아무것도 아니라는데, 아무 일도 없다는데, 무슨 일이라도 금방 생길 듯 살얼음판을 걷는 느낌이다. 지독한 사춘기를 보내는 딸에게 더 이상 묻지 못했다. 그날 밤, 조용히 문을 두드리고 아이의 방으로 들어갔다. "괜찮니?"라는 물음에 잠시 고민하다 "친구들하고 좀 싸웠어." 서투르게 나온 고백에 가슴이 먹먹해진다. 담담한 대답과 함께 전해지는 감정들…. 비로소 '아무'가 '무엇'이 되었다.

따뜻한 대화는 역설적이게도 '아무것도 아니야'라는 말속에 숨겨진 '무엇'을 탐색하는 것에서 시작된다. 아무것도 들리지 않는 침묵에서도 상대가 보내는 작은 소리를 지나치지 않고, 미세한 감정에 더 민감하게 응답할 때 '아무'에서 '무엇'을 마주하는 순간을 더 자주 만날 수 있다. 아무것도 아닌 것, 아무 쓸모 없는 것, 아무 관심 없는 것은 아무 곳에도 없다. 우리는 모두 누군가에게 특별한 무엇이다.

아무에게는 아무것도 없었어요.
아무 곳에도 살지 않았고,
아무도 아무에게 관심이 없었어요.

누군가는 눈에 보이지 않는
이 아주 작은 것을
행복이라고 부르죠.
「아주 작은 것」

   반찬거리를 사러 집을 나섰다. 바람이 불어왔다. 나뭇잎이 나를 배웅하듯 손을 흔들어 주었다. 빠른 길 대신에 좀 더 시간이 걸리는 길을 택했다. 건물과 건물 사이에 폭 7m, 길이 20m도 안 되어 보이는 짧은 오솔길이 있다. 단풍나무가 우거져서 하늘이 거의 보이지 않는다. 여름엔 시원하고 겨울엔 숲에 온 듯 아늑하다.

   천천히 어기적거리며 걸었다. 나무 데크가 나왔다. 철쭉과 큰 나무들이 늘어서 있다. 바닥 질감을 느끼며 걷다 보면 다른 집에서 들려오는 TV와 피아노, 이야기 소리가 나지막하게 들렸다. 정겨운 이웃의 모습이 말을 걸었다. 가만히 서 있다 보면 10여 분을 훌쩍 넘기기 일쑤다.

   20여 년 된 동네 슈퍼, 낯익은 주인에게 눈인사를 하고 물건을 샀다. 아이스바 2개, 맥주 한 캔, 바삭하고 짭조름한 안줏거리도 장바구니에 슬쩍 넣었다. 저녁을 먹고 거실에서 맥주를 홀짝이며 OTT 플랫폼에서 영화를 보았다. 이 작은 것들은 나를 행복한 사람으로 만들고야 만다.

누군가는 눈에 보이지 않는
이 아주 작은 것을
행복이라고 부르죠.

자라는 일은 힘든 일이라고,
뼈가 자라는 만큼
마음도 따라 자라야 한다고 한다.
—

『블룸카의 일기』

딸아이가 사진첩에서 무언가를 찾는다. 육아 일기를 보고 자라는 과정을 찾아오는 것이 전공 수업 과제란다. 사진을 찾던 아이가 태어난 날 찍은 손과 발 도장에 자기의 손과 발을 대 보고는 "와! 이렇게 작았는데 엄청 많이 자랐네" 한다. 어린이집 선생님이 찍어 주신 여러 가지 활동이 사진첩에 남아 있었다.

 6살 겨울. 어린이집 재롱잔치를 앞두고 아이가 아팠다. 저녁 늦게야 응급실에 갔고 가와사키병으로 3일 동안 입원을 했다. 커다란 수액을 연거푸 맞으며 아기 때도 싸지 않던 소변을 침대에 싼 날. 자다가 깨어 나를 보던 아이의 놀란 눈망울이 떠오른다. 퇴원 후도 큰 주사기 바늘 이야기를 종종 꺼내며 그때를 기억하듯 무엇을 하든 열심히 배우고 주어진 시간 안에 끝내야 잠을 자는 아이. 자라느라 아픈 것이라는 옛 어른들의 말씀대로 큰 병치레 없이 성장했다.

 좋은 음식도 소화가 되어야 뼈마디가 자라듯 아이의 경험도 자신의 마음을 성장하는 데 잘 소화하는 과정이 중요하다. 자란다는 것은 해 본 것이 많아진다는 것. 다양한 경험을 통해 마음을 키워 가길 바란다.

언제나 네 순간들을 응원할 거야.
너의 순간들을 간직할 거야.
그 순간들이 너의 우주니까.
그곳에서 너의 별을 찾기를.

『어느새봄』

  엄마가 세상에 전부라고 말하던 딸. 품에 쏙 안고 있으면 그 자체로 힐링이었고 행복이었다. 언제까지나 그럴 것만 같던 다정했던 딸은 지금 '사춘기'의 절정을 달리고 있다. 늘 손에서 놓지 않는 핸드폰은 갈등의 불씨가 되었고, 자꾸만 내 품에서 사르르 빠져나가는 느낌이 들 때마다 나는 당황하고 불안한 감정을 느꼈다.

  여행 중 들른 카페에서 '말과 자식은 풀어놓고 키워라'라는 문구가 눈에 들어왔다. 그 문장을 몇 번이고 마음속에서 곱씹으며 내 불안의 원인을 알게 되었다. 나는 아직 아이를 세상으로 내놓을 준비가 안 되어 있었다. 마냥 작고 어린아이로 내 품에서 안전하게 있으면 하는 마음이 컸다. 내 품에 가두어 둘수록 우리의 관계가 어긋나고 있음을 알면서도 말이다.

  이제 사춘기 뾰족뾰족한 아이의 모습을 성장의 과정으로 봐주고 기다려주려고 한다. 어떤 모습이든 사랑스럽게 바라봐야겠다. 당당하게 홀로 살아갈 수 있는 자기만의 우주를 구축하고 그곳에서 빛나는 자기 별을 찾을 수 있기를 응원하는 엄마가 되어보련다.

언제나 내 순간들을 응원할 거야.
너의 순간들을 간직할 거야.
그 순간들이 너의 우주니까.
그곳에서 너의 별을 찾기를.

수없이 반짝이는 별을 온몸으로 품을 수 있는 나.
나는 어둠, 그리고 우주.

『어둠 그리고 우주』

   어둠은 두렵다. 어둠은 불확실하다. 어둠은 쓸쓸하다. 어둠은 고독하다. 검정이 가득한 그림보다 다채로운 색으로 표현된 그림이 더 밝고 따뜻하게 느껴진다. 내 안에 어둠이 있을 때 그걸 애써 지우려고 하고, 잊으려 하고, 벗어나려고 한다.

   우연히 들른 제주의 어느 천문대에서 하늘을 관측할 기회가 있었다. 한참 동안 고개를 들어 하늘을 쳐다보고 별을 감상하면서 오늘 밤하늘이 참 깜깜한 덕에 별을 마음껏 관찰할 수 있어 감사했다. 쓸쓸함과 두려움으로 다가왔던 어둠이 이제는 수없이 반짝이는 별을 온몸으로 품는 존재로 다가오는 순간이었다. 어두워야 보이는 것들이 있다. 어두워야 알아차릴 수 있는 것들이 있다.

   어둠은 신비롭다. 어둠은 차분하다. 어둠은 무한하고 깊이가 있다. 어둠은 경이롭다. 어둠은 위안이고 편안함이다. 어둠은 하루의 끝과 시작을 알리는 시간이다.

   별을 품은 어둠은 우주가 된다. 오늘도 밤하늘을 올려다보며 우주 속의 별들을 찾아본다. 어둠이 있어야 보이는 별을 찾아본다.

수없이 반짝이는 별을
온몸으로 품을 수 있는 나.
나는 어둠, 그리고 우주:

그대가 있기에 숨을 쉴 수 있는 걸
뭐가 그리 바쁜지 나는 자꾸 잊어버려요.
못난 내 곁에 머물러줘서
정말 고마워요.
「어디에든 우리가 있어」

    미세먼지가 심해지는 날에는 교실 창을 열어둘 수도, 운동장에서 체육을 할 수도 없었다. 일주일에 하루 이틀은 으레 마스크를 써야 하는 날이 반복되었다. 그러다 코로나19라는 새로운 질병에 마스크가 없이는 외출을 생각할 수도 없는 삶이 2년여 흘렀다.

    코로나도 지나간 어느 봄날, 뉴스에서는 오늘도 미세먼지 수치가 높다고 경고한다. 그래도 이 짧은 봄을 집에서만 맞이할 수는 없지 싶어 오랜만에 집 뒤의 산을 오르게 되었다. 등산이라고 하기에는 나지막하고, 산책이라고 하기에는 살포시 숨이 차는 그런 봉긋한 산마루를 오르는데 마스크 속에서 답답한 나의 숨 한 조각이 자꾸 삐져나오고 싶어 했다. 한 시간쯤 지나 다다른 정자 옆에서 물을 마시려고 마스크를 벗는데 싱그러운 풀내음과 향긋한 꽃내음이 코를 간지럽힌다. 미세먼지로 답답했던 폐 속 가득, 이 자연이 안겨주는 신선한 공기로 채워본다. 참 감사하다. 항상 그 자리에서 내가 숨을 쉴 수 있게 해준 이 숲이, 이 나무가, 이 풀들이 참 고맙다. '오래오래 있어 주렴. 너의 고마움, 잊지 않을게.'

그대가 있기에 숨을 쉴 수 있는 걸
뭐가 그리 바쁜지 나는 자꾸 잊어버려요.
못난 내 곁에 머물러줘서
정말 고마워요.

그래서 어린 시절은 아주아주 중요해.
안에 사는 아이가 평생 잊지 못할 것들을 배우는 시기거든.
『어른들 안에는 아이가 산대』

   어린 시절 깔깔대며 웃고 뛰놀다가도 만화영화처럼 시간이 멈춘 듯 고요한 교감의 순간이 있었다. 나뭇잎 사이로 빛나는 햇살을 반짝이던 샛노란 은행나무. 하얀 눈이 소복이 쌓인 밭두렁 위를 거닐던 까치. 모든 소리를 삼킨 듯한 고요하고 푸른 바다. 간질간질 발가락 사이를 빠져나가던 고운 모래. 한여름 밤 옥상에 올라 바라보던 별과 마을의 등불. 이 신비로운 경험은 이후 종종 고요 속으로 나를 초대했다. 고요 속에 침잠해 있으면, 마음 깊은 곳에 웅크리고 있는 작은 나에게로 이어진 가로등이 하나, 둘 켜진다.

   조심스레 문을 열고 도란도란 이야기를 나누다 보면 그 아이가 환하게 웃는다. 이 멈춤의 시간 속에서 나는 슬픔을 녹여내고, 피하고 싶던 벽을 바라본다. 마법 같은 해결책은 없지만, 그 아이는 적어도 무엇을 해야 하는지 알고 있다. 아이의 손에 이끌려 벽 앞에 선다. 깊게 숨을 들이마시고 용기를 내어 이리저리 벽을 두드리면 어김없이 조금씩 빛이 보인다.

   '똑똑, 나 왔어.' 오늘도 나는 고요 속에 문을 두드린다.

그래서 어린 시절은 아주아주 중요해.
안에 사는 아이가 평생 잊지 못할 것들을
배우는 시기거든.

주어진 삶을 충실하게 지켜나가는 것도
꿈을 꾸는 것만큼,
아름답다는 걸 이제는 알 것 같아.

「어쩌다 보니 가구를 팝니다」

아침 알람 소리에 일어나 출근을 준비한다. 준비를 마치고 아이들 아침 식사와 준비물을 챙긴다. 출근하면 업무와 회의로 하루가 순식간에 흘러간다. 퇴근 후에는 저녁 식사를 준비하고, 아이들 숙제와 공부를 봐주고, 씻고 잠자리에 든다. 업무 문제로, 동료와의 관계로 지치고 힘든 날, 문득 '내가 걸어가고 있는 이 길이 내 길일까?'라는 의문과 후회, 오늘 하루가 참 버겁다는 생각이 든다.

다음 날 아침 힘겹게 몸을 일으키고 평소보다 느릿느릿 준비한다. 잠에서 깬 아이가 "엄마 냄새 좋다! 엄마 냄새가 최고야!"라며 나를 안아준다. 나를 위로해주고자 하는 말이 아니었음에도 그 말에 힘들고 지쳤던 마음이 말랑해진다. 조금은 가벼워진 걸음으로 출근한다. 반복되는 일과를 마치고 집으로 돌아와 하루를 마무리한다. 그다음 날에도 나는 여느 때처럼 일어나 하루를 보낼 것이고, 기쁜 일도 힘든 일도 찾아올 것이다. 그렇게 나는 오늘도 주어진 삶을 충실히 지키며 살아간다.

주어진 삶을 충실하게 지켜나가는 것도
꿈을 꾸는 것만큼,
아름답다는 걸 이제는 알 것 같아.

나무가 꾸는 꿈이 숲을 이루듯
너희가 꾸는 꿈이 세상을 이루지.
『열두 달 나무 아이』

    나에게는 세 명의 딸이 있다. 같은 배에서 태어났지만, 아이마다 자기의 색을 뽐내며 자기만의 향기를 풍긴다. 1월에 태어난 첫째는 무슨 일이든 스스로 해결하며 씩씩함을 뽐내고, 10월에 태어난 둘째는 착한 마음으로 주변에 행복을 주며 따뜻함을 뽐낸다. 8월에 태어난 개구쟁이 막내는 항상 밝은 웃음으로 주변에 행복함을 뽐낸다. 각자 자기만의 특별함으로 우리 가족을 더 풍성하고, 행복하게 해준다. 아직 어린 딸들이 커서 어떤 꿈을 갖게 될지, 어떻게 성장해갈지 너무 기대된다. 또한, 다른 향기를 뽐내는 아이들과 함께 꿈을 꾸며 만들어갈 세상이 너무나 궁금하다.

    나무 한 그루 한 그루가 모여 숲을 이루듯 다양한 아이들이 꾸는 꿈이 세상을 이루면 얼마나 멋질지 기대된다. 싹을 틔우고, 줄기를 길게 뻗고, 예쁘고 향기로운 꽃을 피우고, 달콤한 열매를 맺는 아이들이 이룬 세상이 얼마나 풍성할지 너무 설렌다.

    사랑하는 아이들아, 너희 특별한 꿈을 마음껏 펼치렴. 이 세상에 모든 엄마가 응원한단다.

나무가 꾸는 꿈이 숲을 이루듯
너희가 꾸는 꿈이 세상을 이루지.

시커먼 칠이 벗겨지면서 은빛 바닥이 조금씩 드러나자
마치 밤하늘에 은하수가 흩뿌려진 것 같았어.
본래의 나를 되찾기라도 한 듯 기분이 좋았지.
『열일곱 살 자동차』

삐죽삐죽 흰머리가 솟아 온다. '벌써 한 달이 다 흘렀나?' 미용실에 가야 하는 시기가 왔다. 외출하기 전에 흰머리를 감추기 위해 안간힘을 쓴다. 밖으로 걸어 나오는데 어디선가 이름 부르는 소리가 들렸다. 주위를 둘러보았지만, 나를 부를 만한 사람은 보이지 않고, 어르신들만 계셨다. 그런데 갑자기, 누군가가 나를 뚫어져라 쳐다보는 게 아닌가! 낯익은 얼굴이었다. 오랜만에 만나는 동창이었다. 순간 너무 놀라서 잠시 동상처럼 멈춰 섰다. 반갑다 인사를 나누면서도 저절로 "너 머리카락이……?" 하며 물어보았다.

"응. 그동안 좀 아파서 머리에 신경을 못 썼어. 그런데 신기해. 전에는 가리려고 조바심이 났거든. 그런데 아예 흰머리가 되고 나니 다들 멋있다고 해주네. 마음도 편해. 나 멋있지?"

씩 웃으며 당당하게 이야기하는 친구의 은빛 머리카락이 빛나 보였다. 거울을 봤다. 시커먼 칠이 벗겨지면서 지저분해 보인다고 구박했던 은빛이 본래의 내 것이다. 나의 변화를 숨기지 않고 담담한 기쁨으로 받아들여 보고 싶다.

시커먼 칠이 벗겨지면서
은빛 바닥이 조금씩 드러나자
마치 밤하늘에 은하수가 흩뿌려진 것 같았어.
본래의 나를 되찾기라도 한 듯 기분이 좋았지.

서툴러도 괜찮아.
다른 이들의 속도에 맞출 필요도 없어.

『오늘도 헤엄치는 법』

"인도로 배낭여행 가자!" 수능을 망치고 입시 실패를 맛본 내게 언니가 말했다. 이 상황에 인도라니. 언니의 말에 당황스러웠지만 호기심도 생겼다. 그곳은 내게 너무도 낯설고 먼 나라였다.

비행기에서 내리자마자 인도 특유의 향기가 코끝을 찔렀다. 거리의 소음, 사람들의 웃음소리, 다채로운 색깔의 옷과 음식이 한데 어우러져 생동감 넘치는 풍경을 만들어냈다. 우리의 목적지는 바라나시였다. 갠지스 강변의 도시, 신비로운 분위기가 감도는 그곳에서 노을을 보러 강가로 나갔다. 저마다의 방식으로 기도를 드리는 사람들을 멍하게 바라보는데, 언니가 내 어깨를 툭 쳤다. "많이 힘들지? 좀 서투르면 어때. 이제 시작인데."

실패했기 때문에 끝났다고 생각했다. 겨우 몇 번의 실패로 포기하기는 너무 이르다. 꿈을 향한 여정은 아직 끝나지 않았다. 인도의 밤하늘은 별들로 가득했다. 나는 그 아래서 서툴지만 나만의 속도로 한 걸음씩 나아가며 세상을 배워갔다. 갠지스강의 잔잔한 물결 소리를 들으며 혼자서 나지막이 읊조려본다. '나마스테'

서툴러도 괜찮아.
다른 이들의 속도에 맞출 필요도 없어.

너와 나, 우리 모두 처음이니까 말이야.
『우리 모두 처음이니까』

'처음'이라는 말은 내게 낯섦과 설렘을 안겨준다. 인생의 여정에서 늘 새로운 길을 만난다. 이 길에서 두려워하고 당황하며 '처음'을 경험하고 또 반복한다. 새로운 시작 앞에서는 언제나 기대와 불안이 교차한다. 그래도 '처음'이라는 말은 새로운 가능성의 길을 열어준다. 새로 도전할 낯선 길에 들어서게 한다.

수많은 처음 중에서 가장 큰 설렘을 안겨준 것은 새로운 생명과의 만남이었다. 아기는 내게 큰 행복을 가져다주었다. 함께 하며 기쁜 일도 많았고 가끔은 미안한 일도 겪으며 나와 아기는 조금씩 몸과 마음이 성장했다. 처음이라 아이를 어떻게 대해야 할지 몰라 사랑은 가득하지만 실수하고 서툴렀던 시간을 지나왔다.

아이에게 나는 어떤 엄마였을까? 돌이켜보면 모두 처음이라는 시간을 최선을 다해 잘 채워왔다. "조금씩 서툴러도 최선을 다했잖아. 그렇게 조금씩 성장하는 거야. 우리는 모두 처음이니까." '처음'이라는 말은 열심히 살아온 내게 살며시 어깨에 손을 올리며 위로를 건넨다. "잘했어!"

너와 나,
우리 모두 처음이니까 말이야.

날마다 맞이하는 아침은 내게 자연처럼
소박하고 순수한 삶을 꾸려가라고 권했다….
『월든』

매일 아침이면 잠과 밥 사이에서 갈등했다. 잠을 더 자야 할까? 든든하게 아침밥은 먹어야 하지 않을까? 그럴 때마다 직장이 멀단 이유로 항상 잠을 선택했다. 뭐가 그리 바쁜지 앞 차가 빨리 가지 않는다고 투덜거리고, 하늘 한번 제대로 쳐다보지 못하면서 정신없는 일상을 보내곤 했다. 자연스럽게 가족의 얼굴을 보는 날이 줄었고, 그러던 중 과로로 인해 병원에 입원하게 되었다.

매일 반복되는 출근길, 늘 같은 시간에 맞추어 움직이던 아침은 그저 하루를 시작하는 신호에 불과했다. 하지만 오늘 아침은 달랐다. 병실 창밖의 평범한 일상은 너무도 부럽게만 느껴졌다. 내 자그마한 꿈이 단란한 가정에서 매일 서로 마주보며 살아가는 것이란 걸 잊고 살았었다. 그제야 가족이라는 소중한 존재가 나에게 있다는 것을 알았다.

앞으로는 날마다 맞이하는 아침을 그저 흘려보내지 않기로, 아침은 단순히 하루의 시작이 아니라, 자연이 주는 선물이라는 걸 다시금 깨달았다. 이제는 매일 아침 자연이 알려준 소중한 가족과 함께 진정한 평온과 행복을 찾을 수 있게 되었다.

날마다 맞이하는 아침은 내게 자연처럼
소박하고 순수한 삶을 꾸려가라고 권했다….

더 힘차게 뛰어도 돼.
더 높이 뛰어도 돼.
다시 땅에 발 디딜 수 있잖아.

081

작은 빛 하나가
온 하늘을 밝힐 순 없어도…
작은 시작이 되어 줄 거야!

『작은 빛 하나가』

사회 초년생 시절, 부모님 곁을 떠나 자취방을 구하여 이제 막 받은 월급으로 살림살이를 마련하여 지내던 때였다. 퇴근하고 돌아온 집안은 마구 헤집어져 있었고, 새 가전제품들은 자취를 감추고 없었다. 지문 하나 남기지 않고 집에 다녀간 도둑을 떠올리니 두려움이 밀려왔고 텅 빈 집에서 불면의 밤이 시작되었다.

주저앉아 울고 있던 나에게 손을 내밀어 준 친구와 동료가 있었다. 새 보금자리를 찾을 때까지 자신의 방 한켠을 내주었고 밤사이 안부를 묻고 걱정해주었다. 그 따뜻한 위로 덕분에 그동안의 노력과 성취를 다 포기하고 떠나버리고 싶었던 마음을 다잡을 수 있었고, 어둠 속에 혼자 있는 것 같던 순간들을 극복하고 다시 시작해 볼 용기를 낼 수 있었다.

길을 환히 비출 만큼의 빛이 아니어도 된다. 작은 빛과 온기만으로도 두려운 마음은 작아지고 차가운 어둠을 헤치고 나아갈 수 있다는 희망이 생긴다. 걸음을 옮겨 길을 찾아가다 보면 어느새 어둠은 희미해져 있을 것이다.

작은 빛 하나가
온 하늘을 밝힐 순 없어도…
작은 시작이 되어 줄 거야!

울창한 숲도 나무 한 그루에서 시작하지.
나무들이 만나면 커다란 산을 이루지.

『접으면 FOLD AND UNFOLD』

언니가 뮤지컬을 공연했다. 소극장 공연이지만, 배우들의 노래와 춤이 다채롭게 펼쳐지는 멋진 무대였다. 직장인이자 세 아이 엄마인 언니는 뮤지컬 배우라는 어릴 적 꿈을 포기하지 않고 직장인들로 구성된 뮤지컬팀에 입단해서 꾸준히 노래와 춤을 연습했다. 꿈에 그리던 첫 무대에서 작은 배역이지만 최선을 다해 노래하고 춤추는 언니를 보니, 꿈을 향해 도전하는 모습이 참 아름다웠다. 유명한 배우가 출연하는 큰 공연은 아니지만, 언니처럼 꿈을 가진 사람들이 하나둘 모여 만들어가는 무대도 감동이었다.

언니의 꿈이 이루어지기까지 많은 사람의 꿈과 노력이 합쳐졌다. 나무와 나무가 만나 숲을 이루듯이 사람과 사람이 만나 꿈을 향해 함께 걸어가면 세상은 그 꿈이 펼쳐지는 행복한 마당이 된다. 세상이 더욱 풍성해진다. 멈추지 않고 또 다른 공연을 준비하는 언니를 보며, 나도 잠시 접고 있던 꿈을 다시 꺼내어 도전한다. 부족하지만 조금씩 쓰는 글들이 언젠가 세상에 나오기를, 그 글을 읽는 누군가에게 희망과 따뜻함이 전해지기를 꿈꾼다.

울창한 숲도 나무 한 그루에서 시작하지.
나무들이 만나면 커다란 산을 이루지.

충분히 잘하고 있어.
억지로 애쓰지 않아도 돼.

『좋은 아침』

"잘 잤니?" 아침 건네는 엄마의 인사에 "네." "무슨 일 있니?" 하는 물음에도 "아니, 좀 피곤해서 그래"라고 애써 아무 일도 없는 척한다. 하지만 마음대로 풀리지 않는 일 때문에 밤새 생각이 생각에 꼬리를 물며 잠을 설쳤다.

"좋은 아침!" 출근길에 만난 직장 동료가 인사를 건넨다. "네네"라고 억지웃음을 짓지만, 풀리지 않는 일로 다시 우울감에 젖어 든다. 좋은 성과를 내려 애를 쓰지만, 성취감은 거의 제로에 가깝다. 도망가고 싶다. 무책임하다는 소리를 들을까 봐 겁이 나서 도망도 못 간다. 그저 견뎌내면서 자존감이 바닥을 친다. 무엇이 잘못된 것일까?

세상엔 개인의 노력만으로 해결할 수 없는 일이 많다. 특히, 사회적 관계에서 생기는 일은 더욱 그렇다. 그런 일은 애쓴다고 해결되지 않는다. 그럴 때 나 자신에게 "네 잘못이 아니야. 넌 잘하고 있어"라고 다독이면 삶의 무게가 덜어지며 가볍게 숨이 쉬어진다. 스스로 토닥토닥 응원하는 내면의 힘이 필요할 때가 있다.

충분히 잘하고 있어.
억지로 애쓰지 않아도 돼.

착한 일을 하면 그대로 자신에게 돌아온다네.
「좋은 일이 생길 거야」

    십여 년 전, 두 달간 기간제교사로 오신 A 선생님은 아이들을 키워놓고 처음 해보는 일이라고 걱정을 하셨다. 얼마나 힘드실까 싶어 마음이 쓰였다. 나는 그분을 볼 때마다 따뜻하게 눈인사하고 인사말을 건네었다. 정신없이 바쁜 학교생활에서는 작은 거 하나라도 물어보기가 쉽지 않다. 더구나 처음 해보는 업무가 대부분이었던 그 선생님은 난감해하셨다. 맡은 업무와 수업 상황에 대해 조금씩 알려드리며 우리는 친해졌다. 낯선 직장에서 내가 베푼 작은 친절이 자신을 계속 학교에 남을 수 있게 한 동력이었다며 고마워하셨다. 지금도 서로 안부를 전하며 좋은 관계를 맺고 있다.

    언젠가 그 선생님은 나도 미처 깨닫지 못한 나만의 강점에 대해 말씀해주시며 따뜻하게 응원해주셨다. 그 격려의 말들은 당시 천군만마를 얻은 듯한 통찰과 함께 나를 새롭게 인식하게 된 고마운 칭찬이었다. 착한 일은 단순한 행동이 아니라, 서로의 마음을 연결하는 다리가 된다. 누군가에게 힘이 되었던 소소한 친절이 나에게 몇 배로 돌아왔다.

착한 일을 하면
그대로 자신에게 돌아온다네.

실수하면서 배웠으니까 나는 더 나아질 거야.
『주문을 걸어 봐!』

   고등학생 때, 교내에서 열리는 영어 말하기 대회에 참가하기 위해 평상시 관심을 두었던 '야스쿠니 신사' 문제에 관한 대본을 작성했다. 대본을 완벽하게 썼다는 데 자신감을 가졌지만, 부족하게만 느껴지는 연습량에 대회를 앞두고 긴장감이 커졌다. 결과적으로 발표 당일, 많은 실수를 하게 되었고 친구들과 심사위원들 앞에서 부끄럽게 마무리를 했다.

   발표 후에 밀려오는 실망감과 자책감으로 괴로웠지만, 시간을 되짚어보며 실패를 받아들이기로 했다. 꼼꼼히 연습하지 못해 발표 당일에 밀려오는 긴장감을 극복하지 못했음을 깨닫고 앞으로는 자료 준비 및 연습 시간을 적절히 배분한 뒤, 발표 전에 여러 차례 모의 발표를 하여 자신감을 키우기로 했다.

   '또다시 실수하면 어쩌지?'라는 생각에 다음 대회에 참가를 망설이기도 했지만 '괜찮아, 연습했잖아'라고 되뇌며 스스로를 설득했다. 이전보다 만족스럽게 발표를 마치고 실수는 나를 더 나아지게 하는 중요한 발판이 될 수 있다는 사실을 되새기게 되었다.

실수하면서 배웠으니까 나는 더 나아질 거야.

086

더 힘차게 뛰어도 돼. 더 높이 뛰어도 돼.
다시 땅에 발 디딜 수 있잖아.

「줄넘기」

심장이 두근두근. 철컥 철문이 열리고 드디어 내 차례다. 안전요원이 내 몸에 걸어둔 고리를 꼼꼼히 확인한다. '하나, 둘, 셋, 출발', 집라인을 탄 몸이 바다 위 공중을 가로질러 날아간다. 바람은 시원하고 공중에서 바라보는 바다 경치는 아름답다. 속이 뻥 뚫리면서 그동안 몸과 마음에 쌓여있던 스트레스가 사라진다. 그리고 안전하게 착지. 도착하자마자 또 타고 싶은 마음이 간절하다.

최근에는 좀처럼 느껴보지 못했던 '뿌듯함'이 마음 깊은 곳에서 솟아오른다. 그동안 기회가 있어도 '난 못해'라고 손사래 치며 빠지곤 했는데, 그날은 무슨 용기가 났는지 집라인 타기에, 더군다나 바다 위를 가로질러 날아가는 집라인 타기에 도전했다. 막상 해보면 아무것도 아닌데 피해 왔던 이런저런 일들을 해보고 싶은 마음이 생겨났다. 설령 잘 안되더라도 어떠하리. 집라인을 타고 날아가 무사히 땅에 내려선 것처럼 어딘가에 내리고 그곳에서 새로운 기쁨을 찾으면 그걸로 족할 테니까.

더 힘차게 뛰어도 돼. 더 높이 뛰어도 돼.
다시 땅에 발 디딜 수 있잖아.

어떤 일이 있어도 사람이 지구의 일을 방해하면 안 돼

『지구의 일』

    감사하게도 집 주변에 개나리, 벚꽃, 철쭉 등 꽃나무가 많다. 봄이 되어 나무들이 꽃을 피우면, 꽃들을 보며 봄을 온전히 느껴왔다. 나무들을 위해 내가 무언가 한 일이 없음에도, 때가 되면 어김없이 꽃을 피워 선물해주는 나무에 늘 감사하다. 올해는 봄 기온이 예년보다 낮고, 해를 충분히 받지 못해 꽃들이 느지막이 피었다. 그러더니 개화 시기가 다른 개나리와 벚꽃이 함께 피었다. 집주변을 산책하며 개나리와 벚꽃을 보면서 가족들과 이런저런 이야기를 나눴다.

    요즘 날씨는 예전에 비해 많이 달라졌다. 앞으로도 점점 빠르게 달라질 것이다. 언제까지 예쁜 꽃들을 볼 수 있을까? 우리 아이들이 어른이 되었을 때 꽃들을 보며 계절을 느낄 수 있을까? 그런 생각이 들면 안타깝고 슬프다. 해가 뜨고, 비가 내리고, 나무를 키우고, 꽃을 피우는 것은 사람의 몫이 아닌 온전한 지구의 일이다. 사람이 지구의 일에 간섭하는 것을 이제라도 멈춰야 하지 않을까? 시기가 되면 피어나는 꽃들을 오랫동안 보고 싶다.

어떤 일이 있어도
사람이 지구의 일을 방해하면 안 돼

088

이제 모두 서로를 안아 주세요!
그게 바로 우리가 할 일이랍니다.
『지금 안아 주세요』

    말을 잘하는 사람은 일뿐 아니라 인간관계에서도 큰 강점이 있다. 가끔 말이나 글이 유려하지 않아 불만족을 느낀다. 하지만 때로 유려한 말솜씨나 글솜씨보다 따뜻한 가슴이 더 큰 힘을 보이기도 한다.

    개인적인 일로 무척 힘들어하는 동료가 있었다. 주변에서 다양한 경험치와 유려한 말솜씨로 한마디씩 조언을 했다. 하지만 인생 선배로서 혹은 동료로서 보탬이 된다는 생각에 전하는 충고나 조언은 그 동료에게 도움을 주지 못했다. 오히려 어깨를 토닥이고, 안아주며 격려를 한 내게 진심으로 감사해했다. 그를 보면서 때로 백 마디 말보다 한 번의 포옹과 토닥임이 더 소중하다는 것을 깨달았다. 비록 격려하고 안아주는 일로 동료의 상황을 크게 바꾸지는 못했지만, 바꿀 수 있는 에너지를 마련하기에는 충분했다.

    좋은 해결책을 주려고 하기보다는 따뜻한 마음으로 안아주는 것이 결핍을 채워준다. 안아준다고 해서 반드시 문제가 해결되는 것은 아니지만, 해결할 수 있는 에너지가 생길 수 있다.

이제 모두 서로를 안아 주세요!
그게 바로 우리가 할 일이랍니다.

089

아하, 이제 책 읽는 법을 알았어요!
책은 눈으로만 읽는 게 아니었어요.

『책 읽는 유령 크니기』

읽고 싶은 책은 많고 시간은 한정적이다. 그렇다 보니 대신 책을 읽어준다는 요약본, 녹음 콘텐츠도 생겼다. 글에 그림과 음악을 곁들여 독자의 눈과 귀를 자극하기도 한다. 하지만 나는 여전히 고전적 책 읽기가 더 좋다. 직접 훑어보며 마음 가는 것을 골라, 한 장이라도 내 손으로 넘겨보아야 책을 읽었다고 한다. 종이책 특유의 냄새나 팔랑하고 책장이 넘어가는 소리, 저마다 다른 재질의 종이가 스치는 손맛을 포기할 수 없다.

책을 고르는 순간부터 책 읽기는 시작된다. 제목이나 표지만으로 마음에 들어오는 책도 있다. 구절 하나하나가 마음을 울려 문구를 기록하느라 많이 멈추는 책도 있고, 저자의 필력에 빠져들어 생각할 틈도 없이 휩쓸리는 책도 있다. 다음이 궁금해 자꾸만 손에 쥐는 책도 있지만, 읽어야지 하다가 결국 그냥 보내는 책도 많다.

우리 아이들도 이런 책 읽기의 다채로운 매력을 알면 좋겠다. 종이에 박힌 까만 글씨가 오색 빛깔로 찬란하게 피어오르는 그 몰입감과 즐거움을 알아주기를.

아하, 이제 책 읽는 법을 알았어요!
책은 눈으로만 읽는 게 아니었어요.

> 멈추지 않고
> 가고 있다는 게 중요하지.
>
> 「춤추는 가나다라」

서울로 직장을 옮기고 환경과 사람들에 적응하느라 정신없었던 때, 몸과 마음의 건강을 위해 운동을 시작했다.

그전에는 헬스장에서 기구 운동하는 사람을 전혀 이해하지 못했는데, 나와 맞는 트레이너 선생님을 만나 '근력운동'의 맛을 알게 되었다. 몸을 건강하게 만드니 정신까지 건강해지는 것이 느껴져 결국 2020년에 바디 프로필까지 촬영했다.

그 후, 그때만큼은 관리하지 못하지만, 일주일에 최소 2번은 헬스장에 가서 근력운동을 한다. 운동 횟수는 줄었으나 꾸준히 한 덕에 근육은 그대로 유지하고 있다. 근력운동의 매력은 운동 전후의 근육 변화가 바로 보인다는 것. 내 몸, 나아가 나 자신에 대한 가능성과 자신감을 가질 수 있게 해준다는 것이다.

멈추지 않고 가는 것. 해야 하는 일과 하고 싶은 일이 많은 나에게는 쉽지 않은 일이다. 그러나 다른 것은 몰라도 '근력운동'만큼은 멈추지 않으려 한다. 거울에 비친 '몸'도, 그 건강한 몸을 통해 '느끼고 경험할 수 있는 세계'도 더욱 새로워질 테니 말이다.

멈추지 않고
가고 있다는 게 중요하지.

항상 쉽진 않지만, 너는
길을 찾을 수 있고
행복은 그곳에서
널 기다리고
있을 거야.

—

『행복이 시작되는 곳』

초등학교 3학년 때, "기린이 영어로 뭐죠?"라고 묻는 선생님에게 자연스레 "giraffe!"라고 답하는 친구를 보고 갖게 된 영어에 대한 호기심은 '나도 영어를 잘하고 싶다'는 마음으로 커졌다.

내 열정에 기름을 부어주려는 듯 마침 내가 살고 있던 도에서는 영어 인터뷰를 거쳐 어학연수를 보내주는 프로그램을 진행했다. 호기롭게 지원한 뒤, 교내 원어민 선생님께 도움을 요청해 인터뷰 답변을 완성했다. 그러나 영어로 답을 할 때면 내 머릿속은 백지장으로 변하기 일쑤였고 그럴 때면 울컥 올라오는 눈물을 꾹꾹 누르곤 했다.

거듭된 연습 이후 마주한 인터뷰 당일, 두근대는 심장을 의식하지 않으려 애쓰며 밝은 얼굴로 인터뷰 장소에 들어갔다. 내가 준비한 예상 질문이 나오지 않아 당황하기도 잠시 그동안 연습한 말들을 떠올려 천천히 답변을 해냈다.

벅차고 힘겨웠지만 마침내 도 장학생으로 선정되어 뉴질랜드로 어학연수를 갈 수 있었다. 새로운 친구들을 사귀고 해외 문화에 대한 시야를 넓힌 경험은 다시 돌아봐도 내게 행운과 같은 행복으로 추억된다.

무한한 가능성을 품은 넌
어제보다 조금 더 반짝일 거야.
『친애하는 친구에게』

아이의 어린이집 등원 첫날. 일주일 전부터 준비한 낮잠 이불과 칫솔, 컵을 하나하나 다시 챙겼다. 괜히 내가 더 긴장되어 빠뜨린 것은 없는지 살피고, 붙인 이름표도 꼼꼼하게 확인했다. 항상 품에 있던 아이가 첫 사회생활을 한다니 기분이 이상했다. 아기가 태어나서 처음 뒤집고 배밀이를 하던 순간이 떠올랐다. 이유식을 시작하던 날 하얗게 고개를 내밀었던 첫 이, 잔뜩 겁먹고 불안하게 한 걸음 두 걸음 떼었던 장면이 한 편의 짧은 영화처럼 스치기까지 했다. 이제는 손잡고 같이 산책도 하고 제법 이야기도 함께 하는 내 작은 꼬마 친구. 이 귀염둥이가 너무 빨리 커버리면 어쩌지.

처음 며칠은 울기도 하고 힘들어하더니 요즘은 친구와 놀이 이야기에 신나는 어엿한 어린이가 되었다. 주스랑 케첩이 되고 싶던 '멋쟁이 토마토'는 요즘 공주도 되고 싶고 구급차도 되고 싶단다. 손에 힘을 힘껏 주어 삐뚤빼뚤 선 긋기를 하고, 안전 가위로 모양 오리기를 하느라 집중하여 꼬물대는 입을 보면서 아이가 멋진 꿈을 펼칠 어느 날을 그려 본다.

무한한 가능성을 품은 넌
어제보다 조금 더 반짝일 거야.

그곳은 나에게 시간이었지.
어른이 되는 시간.
『크랙: 어른이 되는 시간』

생각이 복잡할 때면 종종 차를 몰고 바닷가에 있는 카페로 훌쩍 떠나곤 한다. 바다가 보이는 구석진 자리에 앉아 조용히 나만의 시간을 갖는다. 생각이 복잡한 이유는 문제상황에 내가 진정 원하는 것이 무엇인지 알 수 없어 결정을 내리지 못하고 방황하기 때문이다. 넘쳐나는 정보와 타인의 참견 속에서 갈피를 못 잡고 흔들리는 나 자신을 보며 때로는 자책하고 상처를 내기도 한다. 이럴 때는 내 생각과 감정을 조용히 들여다볼 시간이 필요하다.

혼자 있는 시간은 내 마음을 거울에 비추어보는 것과 같다. 오롯이 혼자만의 시간을 통해 마음의 소리를 듣고, 불필요한 생각과 자책에서 벗어나 성숙한 판단을 할 수 있는 힘을 얻는다. 비록 불안과 자책으로 몸과 마음이 상처투성이가 될 때도 있지만, 그것 역시 어른이 되어가는 과정이라 생각한다. 상처 난 곳에 새살이 돋고, 갈라진 틈이 메워지며 성장하는 나무처럼 아프고 외로운 성장통을 겪으며 나는 계속 성장하고 있다.

그곳은 나에게 시간이었지.
어른이 되는 시간.

서둘지 말고 천천히, 자신의 속도로 가 보자.
「토끼 시간」

초등학교 6학년 때 꿈이 생겼다. 꽃봉오리를 묘사한 글을 읽은 담임 선생님께서 "너 시인이 되어야겠구나" 하고 칭찬하셨다. 머릿속에 깊이 새겨진 그 말은 내 자부심이 되었다. 언젠가는 시인이 될 것 같아서 기웃기웃 책을 뒤적이기도 하고, 시를 끄적거리기도 했다. 그렇지만 시간은 빨랐다. 직장을 잡고 가족을 꾸리고, 아이를 돌보며 세월이 마구 흘러갔다. 꿈보다는 생활에 적응하며 살았는데 어느새 하얘진 머리를 염색하면서야 내가 보였다.

글쓰기 100일 프로그램에 도전했다. 20여 명이 매일 글을 써서 온라인에 올리고 서로 격려해주는 방식이었다. 매일 다른 사람들이 쓴 아름다운 글을 읽으며 많이 부러웠다. 늦게 시작한 만큼 원하는 글을 쓰기 쉽지 않았다. 그래도 기어이 100일을 채운 건 천천히 가더라도 한 발 한 발 나갈 거라는 믿음이 있었기 때문이다. 쉽고 빠르게 걷는 사람도 있지만, 서둘지 않고 느린 걸음으로 가는 사람도 있다. 지금은 일주일에 한 편씩 꼭 시를 쓴다. 밤이면 모니터의 빈 화면을 바라보며 나만의 속도로 걸어가는 중이다.

서둘지 말고 천천히,
자신의 속도로 가 보자.

멋대로 껴안고
멋대로 다쳐서,
힘든 널 더 힘들게 해서 미안해.
『토마토 나라에 온 선인장』

   유치원 때부터 함께한 20년 지기 친구가 어느 날 나에게 절연을 선언했다. 나이가 같은 자녀를 둔 어머니들 간의 유대감에서 시작된 우정에 언제부터인지 모르게 균열이 조금씩 생겼고 끝내는 다시 이어 붙일 수 없게 된 것이다.
   '내가 무엇을 잘못했을까?' 생각은 꼬리에 꼬리를 물고 이어져 나를 불면증에 시달리게 했다. 며칠 밤을 지새운 뒤, 연이 끊어지지 않길 바라는 마음을 담아 편지를 썼다. 밤새 흐르는 눈물을 연거푸 닦으며 '네가 나에게 얼마나 소중한 친구인지, 나의 어떤 점이 너를 힘들게 한 것 같은지' 써내었다. 그리고 평소 친구가 좋아한다고 했던 과자들을 한 아름 사서 친구 집 문고리에 걸어놓았다. 이튿날 친구는 편지를 읽었다고 했지만, 별다른 반응이 없었다.
   그 일이 있은 뒤로 많은 인연을 맺고 흘려보내며 깨달았다. 친구가 힘들다고 했던 순간에 관심을 기울이지 않고 인연의 끝이 다가와서야 사과와 관심을 건넨 것이 오히려 친구에게 부담일 수 있었음을, 진심을 담아 상대를 위로하는 것도 때가 있음을 말이다.

멋대로 껴안고
멋대로 다쳐서,
힘든 널 더 힘들게 해서 미안해.

길고 긴 외로움도
오랜 기다림도
괜찮아, 나는.
나로 살아갈 수만 있다면.

「틈만 나면」

한동안 내 환경을 탓할 때가 있었다. 남들보다 좋은 조건을 갖지 못한 것도, 자꾸만 내게 다가오는 시련도 원망스러웠다. 아무도 알아주지 않는 어두운 구석에 서 있는 기분이 나를 외롭고 힘들게 했다. 남들이 나를 알아봐 주기를 바라며 애써 노력하면 할수록 나는 지쳐갔다.

자꾸 땅으로만 시선이 가는 시간을 보내던 나의 눈에 들어온 작은 풀꽃. 갈라진 담벼락에, 길가의 배수구에, 보도블록 사이사이 작은 틈에서도, 바짝 말라붙은 나무에서도 당당하게 빼꼼 피어나 있었다. 겨울의 긴 추위도, 오랜 기다림도 견뎌내며 환경을 탓하지 않고 그곳에 당당히 피어 있었다. 누가 봐주지도 알아주지도 않지만, 척박한 환경에서도 생명을 꽃피우는 강인함에 깊은 감동을 느꼈다.

남들보다 뒤처지기 싫거나 누군가에게 인정받고 싶어 애쓰는 모든 것이 부질없음을 깨닫게 되었다. 내 존재 가치를 확인받기 위해 타인의 시선에 신경 쓰지 않기로 했다. 나로서 당당하게 살아갈 수 있다면 그것으로 충분하다.

길고 긴 외로움도
오랜 기다림도
괜찮아, 나는.
나로 살아갈 수만 있다면.

그거 아니? 평범함이 우리를 특별하게 만들어 준단다.
『평범한 식빵』

    오늘도 평범한 하루를 산다. 다람쥐 쳇바퀴 도는 일상에 지루해 할 때마다 엄마는 "평범하게 살기가 제일 어려운 거다"라고 말한다. 평범한 나날들이 쌓아 올려져 만들어진 오늘에 감사하며 요란스럽지 않게 살라는 뜻이다. 누군가에게는 간절한 바람이기도 할 평범한 일상은 특별함을 감추고 있는 선물이다. 아이의 손을 잡고 함께 가는 봄날의 연주회나 저녁 식사 후 가족과 함께하는 산책은 평범하고 소소하지만, 소중한 시간이다. 또한, 정성을 담아 커피를 내리고 가장 편안한 이들과 담소하는 일과 발길 닿는 대로 걸으면서 소리와 풍경을 즐기는 일 역시 평범함 속의 특별함이다.

    평범함에서 찾는 즐거움들을 의미 있게 받아들이는 긍정적인 태도가 단순한 일에도 감사할 줄 알게 하고 세상을 한층 밝게 한다고 믿는다. 오늘 하루도 소소한 기쁨과 평온을 찾아 진심을 다한다. 그 속에는 분명히 특별함이 숨어 있다. 우리는 날마다 평범함과 특별함 사이를 반복하는 것이 아닐까. 오늘도 나는 일상을 더 풍요롭고 특별하게 만들어 줄 보물과도 같은 평범함을 사랑한다.

그거 아니?
평범함이 우리를
특별하게 만들어 준단다.

밝게 빛나야만 보이는 게 아니야.
모두가 밝게 빛날 필요는 없어.

『하늘 화가』

코로나19 때문에 주로 집에서 지내던 시절, 답답한 마음에 재미있는 것을 찾아 인스타그램을 시작하게 되었다. '좋아요'가 많은 사진과 영상 속 모습이 특별하게 느껴지고 부러운 마음이 들었다. 예쁜 풍경과 맛있는 음식이 있는 여행지, 닮고 싶은 외모, 대단한 솜씨의 작품 사진들을 보며 나의 일상, 내가 가진 외모나 재능은 너무 평범하게 느껴지면서 비교하는 마음이 생기고 우울해졌다.

어느 순간 '다른 사람의 눈에 어떻게 보이느냐를 기준으로 삼으니 내가 부족하게 느껴진 것이 아닐까?' 하는 생각이 들었다. 밤하늘에는 반짝반짝 빛나는 별도 있지만, 은은하고 편안한 빛을 내며 자신의 자리를 지키는 별들도 있다. 나만의 가치는 무엇이고 내가 느끼는 행복은 무엇일까? 나에게는 건강한 몸과 배움에 대한 끊임없는 열정이 있고, 가족과 함께하는 소소하고 평화로운 일상에서 오는 잔잔한 행복이 있다. 무엇과도 바꿀 수 없는 나 자신과 가족의 소중한 가치를 잊지 않고 나의 삶을 사랑해야겠다.

밝게 빛나야만 보이는 게 아니야.
모두가 밝게 빛날 필요는 없어.

괜찮아.
한발 늦어도,
볼 수 있어!
한발 늦어도,
『한발 늦었네』

  작년, 일 년이라는 쉬는 시간이 나에게 주어졌다. 애쓰지 않으며 내 마음 가는 대로 살겠다고 다짐했다. 어스름한 새벽 목욕탕 가기, 아침 햇살을 맞으며 소파에 앉아 있기, 좋아하는 음식으로 1인용 상 차리기 등 하고 싶은 일을 하나씩 했다. 그렇게 지내니 몸도 마음도 전보다 건강해졌다.

  특히, 산책은 건강과 함께 여유를 안겨 주었다. 화장기 없는 얼굴로 모자를 푹 눌러쓰고 제일 편한 옷을 입고 집을 나선다. 꽃과 나무, 풀과 벌레, 하늘과 바람 등 그동안 보이지 않던 자연이 나를 친절히 맞아준다. 매일 같은 시간, 같은 길을 걷다 보니 눈에 익는 사람도 생긴다. 서로 알은체는 하지 않아도 '오늘도 산책하러 나왔군요. 반가워요!'라는 마음이 전해지는 신기한 경험도 하게 된다. 주변을 살피며 걸으니 자연스레 걸음이 느려진다. 산책은 나의 속도를 찾는 여정이었다. 천천히 나의 속도로 걸어도 괜찮다는 것을 이제 안다. 걷다 보면 보이고 보다 보니 온전히 느낄 수 있었다. 조금 늦더라도 나의 속도에 맞춰 일상을 산책하듯 살고 싶다.

괜찮아.
한발 늦어도,
볼 수 있어!
한발 늦어도,

약속해 주렴. 약속해 주렴. 펑펑 울지 않겠다고.
네 눈에 바다가 가득한 건 싫단다.

『할아버지는 바람 속에 있단다』

20대 중반부터 몸이 아팠다. 중병은 아니었지만, 잦은 관절 부상으로 제대로 걷거나 활동할 수 없었다. 이런 나를 위해 십 년 넘게 출근을 돕고, 뒷바라지를 해주신 건 할아버지였다. 할아버지는 나의 빛이었고, 모든 것이었다.

이런 할아버지가 얼마 전 하늘의 별이 되셨다. 할아버지에게 모든 걸 의탁하며 살아온 나는 앞이 막막하고, 불효한 것에 대한 죄책감을 느끼고 있다. 하지만 마지막까지 나를 돌봐주신 그분을 생각해서라도 비탄에만 잠겨 있을 순 없다. 비록 아픈 손녀였지만 나는 할아버지에게 반짝이는 자식이었고, 모든 걸 내주어도 아깝지 않은 소중한 존재였다. 할아버지는 내 눈에 바다가 가득한 건 원치 않으실 터였다.

이제 나는 혼자지만 스스로 빛을 내며 반짝이는 삶을 살려고 노력할 것이다. 할아버지의 정성이 헛되지 않게 굳건히 나를 지키겠다. 누구보다 귀한 사랑을 받은 나를 이제는 스스로 밝히고 싶다. 반짝반짝 남은 나의 인생을 위하여. 사랑하는 할아버지를 기리며.

약속해 주렴. 약속해 주렴.
펑펑 울지 않겠다고.
네 눈에 바다가 가득한 건 싫단다.

하지만 괜찮아요, 할아버지.
할아버지의 정원이 모든 걸 기억하니까요.
『할아버지의 이야기 나무』

할머니도 한때 소녀였다는 것은 상상하기 어려웠다. 내가 태어날 때부터 할머니는 할머니였으니까. 할머니가 돌아가시기 몇 달 전, 침대 옆에는 할머니의 부모님 사진이 올려져 있었다. 한 번도 보지 못했던 사진이었다. 한복을 곱게 차려입은 노부부의 사진을 보며 할머니도 그분들에게 어리고 사랑스러운 딸이었음을 깨달았다.

할머니의 삶이 차르르 필름처럼 펼쳐졌다. 고무줄놀이하던 철부지 소녀가 시집을 가고, 자식을 낳고, 할머니가 되었다. 어느새 사진 속 부모님보다 더 나이가 들어버린 할머니는 모든 기력을 다 잃고, 다시 부모님을 그리워하는 어린 소녀가 된 듯했다. 할머니가 돌아가신 후 그 사진도 어디론가 사라졌다. 잃어버린 사진처럼, 할머니와 함께 그분들의 흔적도 옅어졌다. 분명 존재했는데 마치 처음부터 없었던 것처럼 잊힐 수 있다는 것이 아쉽고 처연하다.

무수한 세월 속에 촘촘히 박힌 평범한 사람들을 통해 삶은 이어져 간다. 위인이라 기록되지 못하고 잊혀 간 평범한 사람들의 위대한 삶에 경의와 감사를 표한다.

하지만 괜찮아요, 할아버지.
할아버지의 정원이 모든 걸 기억하니까요.

memo

이 책에 소개된 그림책

『가만히 들여다보렴』 코리 도어펠드 글 · 그림, 남은주 옮김, 북뱅크

『가시』 이승희 글 · 그림, 고래뱃속

『개가 가르쳐 준 삶의 교훈들』 엠마 블록 글 · 그림, 김지선 옮김, 그린하우스

『개욕탕』 김유 글, 소복이 그림, 천개의바람

『거북아 어디가?』 최덕규 글 · 그림, 윤에디션

『건물의 초상』 김은희 글 · 그림, 단추

『고양이는 나만 따라 해』 권윤덕 그림책, 창비

『구부러진 길』 이준관 글, 장은용 그림, 온서재

『굿바이 블랙독』 메튜 존스턴 글, 최정호 옮김, 생각속의 집

『귀를 기울이면』 나딘 로베르 글, 친렁 그림, 강나은 옮김, 작은코도마뱀

『그게 뭐 어때서』 스즈키 노리타케 글 · 그림, 김숙 옮김, 북뱅크

『그러니까 내 말은』 가지꽃 글 · 그림, 여유당

『그레이스는 놀라워!』 메리 호프만 글, 캐롤라인 빈치 그림, 최순희 옮김, 시공주니어

『김밥의 탄생』 신유미 글 · 그림, 봄개울

『나는 [ ] 배웁니다』 가브리엘레 레바글리아티 글, 와타나베 미치오 그림, 박나리 옮김, 책속물고기

『나에게 작은 꿈이 있다면』 니나 레이든 글, 멜리사 카스트리욘 그림, 이상희 옮김, 소원나무

『나이가 들면 어때요?』 베티나 옵레히트 글, 율리 필크 그림, 전은경 옮김, 라임

『날마다 멋진 하루』 신시아 라일럿 글, 리키 맥클루어 그림, 초록개구리

『날아올라 올빼미』 스테파니 스탠스비 글, 프랜시스 아이브스 그림, 신대리라 옮김, dodo

『내 차를 운전하기 위해서는』 채인선 글, 박현주 그림, 논장

『내가 섬이었을 때』 조경숙 글·그림, 월천상회

『내가 아는 기쁨의 이름들』 소피 블랙올 글·그림, 정회성 옮김, 웅진주니어

『내일』 백혜영 글·그림, 고래뱃속

『너 자신을 믿어』 커스틴 반리에르데 글, 로 그랑크비스트 그림, 라미파 옮김, 한울림어린이

『눈물을 참았습니다』 이하연 글·그림, 책읽은곰

『눈부신 아이』 임민지 글·그림, 도서출판 점자

『눈의 시』 아주라 다고스티노 글, 에스테파니아 브라보 그림, 정원정, 박서영 옮김, 오후의소묘

『다른 길로 가』 피터 H. 레이놀즈 그림, 마크 콜라지오반니 글, 김여진 옮김, 우리학교

『달에 간 나팔꽃』 이장미 글·그림, 글로연

『도망치고, 찾고』 요시타케 신스케 글·그림, 권남희 옮김, 주니어김영사

『도시 비행』 박현민 그림책, 창비

『돌멩이국』 존 J. 무스 글·그림, 이현주 역, 달리

『땅이 아이에게』 크리스 버카드 글, 데이비드 매클렌런 그림, 이지영 옮김, 북극곰

『레오의 특별한 꿈』 정소현 글·그림, 노란상상

『마음을 담은 병』 데버라 마르세로 지음, 김세실 옮김, 나는별

『마음을 담은 상차림』 김소연 글, 김동성 그림, 사계절

『마음의 모양』 이혜정 글·그림, 길벗어린이

『멋진 화요일』 데이지 므라즈코바 글·그림, 김경옥 옮김, 노란상상

『모 이야기』 최연주 글·그림, 엣눈북스(atnoon books)

『모두 소중해』 리사 칼리오 글·그림, 조은수 번역, 뜨인돌어린이

『문득』 오세나 지음, 달그림

『문어의 여행』 김현례 글·그림, 사계절

『밤을 달리는 고양이』 고경원 글, 최경선 그림, 야옹서가

『배운다는 건 뭘까?』 채인선 글, 윤봉선 그림, 미세기
『벚꽃이 살랑』 이수연 글, 조에스더 그림, 키즈엠
『보고싶은 엄마』 레베카 콥 글·그림, 이상희 옮김, 상상스쿨
『봄 여름 가을 겨울』 꼼은영 글·그림, 한림출판사
『분홍 귀고리』 세라핀 므뉘 글, 실비 세르프리 그림, 양혜진 옮김, 산하
『불안』 조미자 글·그림, 핑거
『블룸카의 일기』 이보나 흐미엘레프스카 글·그림, 이지원 옮김, 사계절

『사랑은, 달아』 박세연 글·그림, ㈜난다
『살아간다는 건 말이야』 크리스티안 보르스틀랍 지음, 권희정 옮김, 길벗스쿨
『삶은 달걀과 감자와 호박』 안소민 그림책, 옥돌프레스
『상냥한 거리』 임민지 글·그림, 다림
『샘과 데이브가 땅을 팠어요』 맥 바넷 글, 존 클라센 그림, 서남희 옮김, 시공주니어
『선생님을 만나서』 코비 야마다 글, 나탈리 러셀 그림, 김여진 옮김, 나는별
『세상에서 가장 소중한 너에게』 권지영 글, 소중애 그림, 이승숙 옮김, 단비어린이
『세상이 너를 기다리고 있어』 토모스 로버츠 글, 노모코 그림, 정재원 옮김, 책과콩나무
『소원 배달부 초초』 정네모 글·그림, 나무의말
『순애는 집 밖을 안 나가』 솔솔 글·그림, 라플란타
『스쳐간 풍경들은 마음속 그림으로』 최정인 글·그림, 브와포레
『슬픔에 빠진 나를 위해 똑! 똑! 똑!』 조미자 글·그림, 핑거
『슬픔은 코끼리』 낸시 화이트 사이드 글, 타마라 엘리스 스미스 그림, 이현아 옮김, 반출판사
『시계를 볼 줄 모르는 곰』 장 뤽 프로망탈 글, 조엘 졸리베 그림, 박선주 옮김, 보림
『시작해 봐! 너답게』 피터 H. 레이놀즈 글·그림, 김지은 옮김, 웅진주니어
『실패축하파티』 권은혜 글, 주청량 그림, 왕가의 아이들

『아무씨와 무엇씨』 안나 파슈키에비츠 글, 카시아 발렌티노비츠 그림, 최성은 옮김, 엘로스톤
『아빠의 밤』 전소영 글·그림, 달그림
『아주 작은 것』 베아트리체 알레마냐 지음, 길미향 옮김, 현북스

『어느새봄』 정주희 글·그림, 월천상회
『어둠 그리고 우주』 신현서 글·그림, 찰리북
『어디에든 우리가 있어』 김혜정 글·그림, 리리
『어른들 안에는 아이가 산대』 헨리 블랙쇼 지음, 서남희 옮김, 길벗스쿨
『어쩌다 보니 가구를 팝니다』 이수연 글·그림, 길벗어린이
『여기 꽃이 있어요』 안단테 글, 이영아 그림, 도서출판 우주나무
『열두 달 나무 아이』 최숙희 글·그림, 책읽는곰
『열일곱 살 자동차』 김혜형 글, 김효은 그림, 낮은산
『오늘도 헤엄치는 법』 훗쨔 글·그림, 달리
『우리 모두 처음이니까』 김을호 글, 신진호 그림, 크레용하우스
『우리 함께 있어』 한솔 글·그림, 천개의바람
『월든』 헨리 데이비드 소로 글, 지오반니 만나 그림, 정회성 옮김, 길벗어린이

『작아지고 작아져서』 다비드 칼리 글, 마르코 파스케타 그림, 엄혜숙 옮김, 나무말미
『작은 빛 하나가』 캇 예 글, 이자벨 아르스노 그림, 황유진 옮김, 불광출판사
『접으면(FOLD AND UNFOLD)』 김윤정 글, 최덕규 그림, 윤에디션
『좋은 아침』 김준호 글, 김윤이 그림, 교육과실천
『좋은 일이 생길 거야』 로즈앤 통 글, 유진 김 닐란 그림, 김경연 옮김, 노란상상
『주문을 걸어 봐!』 루이스 L. 헤이, 크리스티나 트레이시 글, 마누엘라 슈워츠 그림, 고정욱 옮김, 불광출판사
『줄넘기』 이안 글·그림, 키위북스
『지구의 일』 김용택 글, 연수 그림, 바우솔
『지금 안아 주세요』 패트릭 맥도넬 글·그림, 이루리 옮김, 북극곰

『책 읽는 유령 크니기』 벤야민 좀머할더 글·그림, 루시드 폴 옮김, 토토북
『춤추는 가나다라』 이달 글, 강혜숙 그림, 달달books
『친애하는 친구에게』 박소연 글, 뜬금 그림, 달리

『크랙: 어른이 되는 시간』 조미자 글·그림, 핑거
『토끼 시간』 토네 사토에 글·그림, 엄혜숙 옮김, 봄봄

『토마토 나라에 온 선인장』 김수경 글·그림, 달그림
『틈만 나면』 이순옥 글·그림, 길벗어린이

『평범한 식빵』 종종 글·그림, 그린북

『하늘 화가』 곽투 잔바바 글, 제이훈 쉔 그림, 한울림어린이
『한발 늦었네』 신순재 글, 염혜원 그림, 위즈덤하우스
『할아버지는 바람 속에 있단다』 록산느 마리 갈리에즈 글, 에릭 퓌바레 그림, 박정연 옮김, 씨드북
『할아버지의 이야기 나무』 레인 스미스 글·그림, 김경연 옮김, 문학동네
『함께라는 걸 기억해』 김경애 글, 이미정 그림, 을파소
『행복이 시작되는 곳』 에바 엘란트 글·그림, 신형건 옮김, 보물창고

『7년 동안의 잠』 박완서 글, 김세현 그림, 어린이작가정신